AF401564

COURS COMPLET ET MÉTHODIQUE

DE

LANGUE FRANÇAISE.

PRÉCEPTES ET APPLICATION SOUS FORME DE DEVOIRS.

GRAMMAIRE ÉLÉMENTAIRE,

AVEC TROIS SÉRIES DE DEVOIRS, DE FORCE PROGRESSIVE.

PAR

L'abbé A.-J. DELBOS,

ancien chef d'institution, en France, auteur du Cours de Style épistolaire
et de plusieurs autres ouvrages.

PRÉCEPTES ET DEVOIRS.

PARTIE DE L'ÉLÈVE.

TOURNAI
TYPOGRAPHIE DE MALO ET LEVASSEUR,
Rue de l'Écorcherie, 4.

1868.

COURS COMPLET ET MÉTHODIQUE

DE

LANGUE FRANÇAISE.

COURS COMPLET ET MÉTHODIQUE

DE

LANGUE FRANÇAISE.

PRÉCEPTES ET APPLICATION SOUS FORME DE DEVOIRS.

GRAMMAIRE ÉLÉMENTAIRE.

PAR

L'abbé A.-J. DELBOS,

ancien chef d'institution, en France, auteur du Cours de Style épistolaire
et de plusieurs autres ouvrages.

PRÉCEPTES ET DEVOIRS.

PARTIE DE L'ÉLÈVE.

TOURNAI

TYPOGRAPHIE DE MALO ET LEVASSEUR.

Rue de l'Écorcherie, 4.

1868.

AVERTISSEMENT.

La **GRAMMAIRE ÉLÉMENTAIRE** renferme trente-six leçons. Les explications, sans être complètes, y sont toutefois plus nombreuses et plus développées que dans la **GRAMMAIRE DES COMMENÇANTS**. C'est une transition de la grammaire la plus simple à la grammaire complète.

Comme il convient que l'élève apprenne jusqu'à trois fois cette grammaire, nous avons fait suivre chaque leçon de trois séries de devoirs, de force progressive.

La 1re est formée de devoirs basés, en grande partie, sur des phrases, dont plusieurs mots sont désignés par des lettres italiques ou par des majuscules. Ce sont ceux que l'élève doit, soit analyser, soit expliquer, selon l'indication de l'AVIS.

Ce même genre de travail existe dans certains devoirs de la 2me série. Mais nous l'y avons souvent remplacé, soit par des traits historiques ou instructifs ; soit par des questions grammaticales auxquelles l'élève devra répondre; soit, enfin, par des exercices de cacographie adaptés à la leçon correspondante, ou bien présentés sous forme de récapitulation.

Les devoirs de la 3me série se composent de sujets qui, tout en donnant à l'élève une connaissance suffisante des œuvres de la création, lui feront apprécier la grandeur et la bonté de Dieu, et reconnaître que sa divine Providence a tout fait pour l'homme.

Les règles de la grammaire trouveront leur application dans les différents mots qui ont servi, à dessein, à la contexture des phrases.

L'élève, avant de faire son devoir, devra bien se pénétrer de ce qui est exigé de lui. Qu'il lise donc attentivement ce que l'AVIS doit lui faire connaître.

COURS COMPLET ET MÉTHODIQUE

DE

LANGUE FRANÇAISE.

PRÉCEPTES ET APPLICATION SOUS FORME DE DEVOIRS.

GRAMMAIRE ÉLÉMENTAIRE,

AVEC TROIS SÉRIES DE DEVOIRS, DE FORCE PROGRESSIVE.

Principes lexigraphiques.

1re LEÇON.

Des lettres.

Nous avons trois manières de manifester extérieurement ce qui se passe en nous, c'est-à-dire, nos sentiments, nos idées, nos volontés. Ces trois manières, ou moyens, sont : le *geste*, la *parole*, l'*écriture*; autrement dit : le langage par les *signes*, par la *parole*, par l'*écriture*. Pour le premier de ces langages on se sert du *geste ;* pour les deux derniers on emploie des *mots*, formés à l'aide de *lettres*.

I. Dans la langue française les lettres sont au nombre de vingt-cinq : *a, b, c, d, e, f, g, h, i, j, k, l, m, n, o, p, q, r, s, t, u, v, x, y, z*. La réunion de ces lettres s'appelle *alphabet*.

II. On distingue parmi ces lettres : 1° les *voyelles*, au nombre de six : *a, e, i, o, u, y*. (*a* et *o* se combinent quelquefois avec l'*e*, et forment ce qu'on peut appeler lettres doubles, l'*æ* et l'*œ*); 2° les *consonnes*, au nombre de dix-neuf : *b, c, d, f, g, h, j, k, l, m, n, p, q, r, s, t, v, x, z*. Le double *w* est employé dans les noms étrangers. Il se prononce tantôt comme *v*, tantôt comme *ou*.

III. Les voyelles, sont ainsi appelées parce que, seules, sans le secours d'une autre lettre, elles forment un son, quand on les prononce. Les consonnes, au contraire, n'ont une articulation particulière, que lorsqu'elles sont suivies de l'une des six voyelles ; c'est ce que signifie le nom même de *consonne*. Ainsi, les voyelles *a, e, i,* etc. font entendre un son par elles-mêmes ; tandis que les consonnes *b, c, d,* etc. ne peuvent se faire sentir dans la prononciation, que tout autant qu'on les fait suivre d'une voyelle quelconque : *ba, be, bi, bo,* etc., *da, de, di, du,* etc. En les prononçant à la suite d'une voyelle, on doit même forcément faire sentir le son faible d'un *e* : *ab, eb, ir, ol, ut,* comme s'il y avait *abe, ebe, ire, ole, ute.*

· · · · · · · · · · · · · · · · · · · ·

1er DEVOIR. — 1re SÉRIE.

Nota. Les devoirs de la première série sont destinés aux élèves qui apprennent cette grammaire pour la première fois ; aussi ces devoirs sont-ils simples et faciles.

Avis, ou *explication du devoir pour l'élève.*

1º Copier en entier, proprement et lisiblement, la première leçon, comme exercice d'orthographe et d'intelligence.

2º Désigner entre parenthèses ( ), et par abréviation, le nombre de voyelles et de consonnes que renferme chacun des mots suivants. Ex. : aigle (3 v. 2 c.) ; fourmi (3 v. 3 c.) ; sacrifice (4 v. 5 c.) ; etc.

Aigle ; fourmi ; sacrifice ; homme ; femme ; enfant ; vue ; attention ; grandeur ; bonté ; table ; bureau ; douceur ; roi ; Dieu ; religion ; piété ; reine ; peuple ; populace ; rose ; amandier ; réputation ; humanité ; écolier ; étourderie ; hardiesse ; adoration ; feu ; nuage ; tempête ; modération ; César ; Auguste ; soumission ; indignité ; blessure ; élévation ; arc ; montagne ; mer, Paris ; Bruxelles ; Avignon ; qualité ; perpétuité ; agrandissement ; victoire ; Lille ; victime ; charité ; Louise ; Eugénie ; chef ; général ; espérance ; conseil ; puissance ; tour ; muraille ; cathédrale ; palais ; asservissement ; impossibilité ; Adolphe ; Joseph ; Évariste ; coin ; coing ; amabilité ; louange ; reconnaissance ; adversité ; prospérité ; Londres ; Vienne ; Lyon ; Madrid ; grammaire ; maison ;

maisonnette; Venise; Rome; Naples; royauté; évêque; justice; lit; armée; ours; rhinocéros; orage; orange; Orange; citron; citronier; science; épreuve; fruit; pomme; raisin; Angleterre; France; Belgique; Turquie; univers; éclat; soleil; lune; rivière; ruisseau; bruit; bord; rivage; éléphant; souris; autruche; baleine; Amérique; Mexique; obligation; parole.

1er DEVOIR. — 2me SÉRIE.

NOTA. Les devoirs de la 2me série sont destinés aux élèves qui voient la grammaire élémentaire pour la 2me fois. Les devoirs sont et doivent être nécessairement plus difficiles que ceux de la 1re série.

AVIS. 1º Combien y a-t-il de syllabes dans les mots suivants?

Considérablement; longitude; géographie; but; admission; particulièrement; onctueusement; philosophie; ondulation; réciprocité; soumissionner; frapper; frissonnement; taffetas; marionnette; marécage; oiseau; apostoliquement; délicatesse; bravoure.

2º A quoi reconnaît-on le nombre des voyelles et des consonnes qui se trouvent dans les mots ci-dessus?

3º Et le nombre des syllabes?

4º Qu'est-ce que le langage par les signes, par la parole, par l'écriture?

5º Lequel de ces trois langages établit la différence bien marquée qui existe dans l'émisson des voyelles et des consonnes? Prouvez la réponse par quelques exemples.

6º Faites connaître les temps primitifs des verbes suivants :

Travailler; construire; étudier; lire; prendre; prier; se chauffer; mordre; rompre; croire; apercevoir; il neige; il importe.

7º Indiquez les adverbes formés des adjectifs suivants :

Agréable; premier; religieux; antérieur; facile; magnifique; doux; vertueux.

8º Indiquez le sujet de chacun des verbes qui se trouvent dans le trait suivant, ayant soin de faire avec le verbe l'interrogation qui est-ce qui? ou bien, qu'est-ce qui? (*Lorsque le sujet sera qui, il, elle etc. on l'indiquera comme sujet, mais on le remplacera par le nom auquel il se rapporte, ou dont il rappelle l'idée*).

L'an 476 après Jésus-Christ, pendant que le faible Romulus Augustule régnait, la puissance romaine venait de s'écrouler. Alors toutes les nations se ressaisirent de la liberté qui leur avait été ravie. Elles se choisirent elles-mêmes des chefs, qui établirent les fondements de nouveaux empires sur les ruines de celui que leurs vainqueurs n'avaient pas su conserver. Dès lors, tous les peuples, que l'astre des Césars éclipsait auparavant, brillèrent à leur tour de leur propre splendeur.

1er DEVOIR. — 5me SÉRIE.

NOTA. Les devoirs de la 3me série sont destinés aux élèves qui voient la grammaire élémentaire pour la 3me fois. Nous regardons comme très-important qu'ils se préparent ainsi à l'étude de la grammaire complète.

SUJET. — DIEU ET LES ANGES.

(1) L'affaire la plus importante que nous ayons sur la terre, est de connaître Dieu, notre Créateur, et son divin Fils, Jésus-Christ, notre Rédempteur ; puis, de nous connaître nous-mêmes, c'est-à-dire, de connaître ce que nous sommes ; pourquoi nous vivons ; ce que nous devons devenir après cette vie, et ce que nous avons à faire pour être véritablement heureux. En un mot, de savoir la Religion, et de vivre conformément à ce qu'elle prescrit.

Voici la première vérité que nous devons croire, et qui est le fondement de notre foi : (2) c'est qu'il y a un Dieu, qu'il n'y en a qu'un seul, et qu'il ne peut y en avoir plusieurs. (3) Dieu est un Être infiniment parfait, infiniment puissant, qui a fait toutes choses de rien. (4) Il les a faites par un simple acte de sa volonté ; car il fait tout ce qu'il veut, parce que rien ne résiste à sa puissance.

(5) Les Anges et les hommes sont les créatures de Dieu les plus parfaites. Dieu les a créés pour les rendre heureux, en se communiquant à eux. Les Anges sont des créatures spirituelles et intelligentes, qui n'ont ni corps, ni figure, ni couleur, et qui ne peuvent tomber sous nos sens. On ne connaît rien de positif sur l'époque de la création des Anges ; mais on sait que le nombre en est très-grand. Parmi les Anges, les uns sont toujours restés attachés à Dieu ; (6) les autres s'en sont séparés par orgueil. Les premiers sont

heureux éternellement, et Dieu s'en sert pour l'exécution de ses ordres. Les autres se sont rendus malheureux à jamais, et forment ce qu'on appelle la société des démons.

Avis, ou *explication du devoir pour l'élève.* Faire connaître simplement, sans en faire une analyse complète, la fonction de chacun des mots que renferme le sujet : *Dieu et les Anges.* Ex. : *L'*, pour *la*, article simple élidé ; *affaire*, nom commun ; *la*, article simple ; *plus*, adverbe ; *importante*, adjectif qualificatif ; *que* adjectif déterminatif relatif ; *nous*, pronom personnel, etc., etc., etc. (*L'élève devra souligner le mot dont il donne la classification*).

Questions sur le sujet (*Dieu et les Anges.*) 1° Quelle est l'affaire la plus importante que nous ayons sur la terre ? 2° Quelle est la vérité qui sert de fondement à notre foi ? 3° Qu'est-ce que Dieu ? 4° Comment Dieu a-t-il pu faire toutes choses de rien ? 5° Quelles sont les créatures de Dieu les plus parfaites ? 6° Pourquoi certains anges sont-ils devenus démons ?

Nota. 1° Un oui ou un non ne doit pas suffire pour la réponse écrite. Autant que possible, la demande devra entrer dans la réponse.

2° Le même exercice pourrait avoir lieu de vive voix pendant la classe.

3° Les numéros qui se trouvent dans le corps du sujet, entre parenthèses, indiquent l'endroit de la réponse correspondant au n° du questionnaire. Quand le n° manquera, l'élève devra répondre également à la question.

2ᵐᵉ LEÇON.

Des voyelles.

I. Les cinq voyelles, *a, e, i, o, u,* sont tantôt *longues*, tantôt *brèves*, selon qu'il faut appuyer plus ou moins en les prononçant. L'usage en fera connaître la différence. Ainsi,

a est long dans pâtre, bref dans jatte ;
e est long dans même, bref dans siége ;
i est long dans abîme, bref dans cible ;
o est long dans aumône, bref dans corde ;
u est long dans flûte, bref dans hutte.

II. On distingue trois sortes d'*e.*

1° L'*e muet*, dont le son est peu sensible ; arbre, cheval ; quelquefois même insensible : joie, dévouement. L'*e* muet ne prend jamais d'accent.

2° L'*é fermé*, qu'on prononce la bouche presque fermée, et qui prend *ordinairement* l'accent aigu : bonté, libéralité ; piété.

5° *L'è ouvert*, qui se prononce en desserrant les dents, et en ouvrant suffisamment la bouche, de manière toutefois à faire sentir le son de l'è et non celui de l'a : succès, père, après. L'è ouvert prend *ordinairement* l'accent grave.

Nota. L'accent est un signe qui se met sur les voyelles, pour en marquer la prononciation. Il y en a de trois sortes : l'accent *aigu* ('), le (`), le *circonflexe* (^). Nous donnerons des explications plus étendues sur les accents, dans notre *grammaire complète*.

Nous y ferons connaître aussi en quelles circonstances l'e peut être fermé ou ouvert sans l'emploi de l'accent. Il est fermé dans aimer, percer, et ouvert dans dessert, amer, etc.

2me DEVOIR. — 1re SÉRIE.

Avis. 1° Copier en entier, proprement et lisiblement, la 2me leçon.

Nous regardons cet exercice comme très-utile pour les jeunes commençants. Nous nous abstiendrons, à l'avenir, de le citer comme partie du devoir, laissant cela au jugement de MM. les professeurs.

2° Transcrire les mots ci-dessous indiqués, et faire connaître s'ils renferment des voyelles longues, ainsi que des e muets, des é fermés avec accent aigu, des è ouverts avec accent grave. Ex. : *humanité,* a un é fermé ; *pâtre,* un â long et un e muet ; *commerce,* un e muet ; *accès,* un è ouvert ; *Homère,* un è ouvert et un e muet, etc.

Humanité ; pâtre ; commerce ; accès ; Homère ; poète ; Cicéron ; science ; théâtre ; tempête ; Léopold ; Gustave ; Napoléon, Ève ; Noé ; éruption ; procès ; flèche ; péril ; près ; pré : prairie ; prêt ; respecté ; aimé ; prêtre ; évêque ; nécessité ; heureuse ; Alexandre ; Amérique ; succès ; notre ; nôtre ; recevons ; sévère ; austère ; impie ; flétrissure ; patrie ; médecin ; mystère ; apôtre ; échoppe ; année ; ignorance ; siècle ; général ; espèce ; durée ; âme ; honnête ; grâce ; manière ; réponse ; bûche ; centième ; détroit ; découverte ; fût ; Hespérie ou Espagne ; Océanie ; Bruxelles ; Rome ; mathématiques ; ermite ; solitaire ; proie ; épître ; lettre ; enjouement ; désir ; obéissance ; entreprise ; créature ; fête ; hôtellerie ; houillière ; pièce ; sottise ; mûre ; jurement ; légère ; logement ; hutte ; sûreté ; pépinière ; pénétration ; réciprocité ; tête ; sérieusement ; infidèle ; infidélité ; trompette ; épaississement ; ordonnance ; évêché ; Évangile ; ordre ; flûte ; butte ; héréditaire ; mérite ; mâtin ; siége ; marbrière ; carrière ; début ; fenêtre ; semence ; étoile ; neige ; foudre.

2ᵐᵉ DEVOIR. — 2ᵐᵉ SÉRIE.

Avis. 1º Copiez le trait précédent (l'an 476, etc. 1ᵉʳ dev 2ᵐᵉ série.) et indiquez les adjectifs au fur et à mesure qu'il s'en présentera, en faisant connaître l'espèce d'adjectif et le nom auquel il se rapporte.

2º Répondez aux questions grammaticales suivantes : (a) quelle différence y a-t-il entre les voyelles *a* en italiques dans *marâtre* et dans *voyage* ; *e*, dans *fête* et *père* ; *i*, dans *gîte* et *service*; *o*, dans *hôte* et *despote* ; *u* dans *flûte* et *rude*? (b) A quelles classes d'*e* appartiennent ceux qui se trouvent dans les mots suivants? Prière ; célébration ; il a possédé ; il possède ; il possèdera ; procès ; il étudierait ; complète ; pénible ; première ; économe ; économie ; bibliothèque ; écritoire.

(c) A quoi reconnaissez-vous qu'un *e* est muet, ou bien fermé, ou enfin grave? Faites-en l'application raisonnée sur quelques-uns des mots qui précèdent.

3º Donnez la 1ʳᵉ et la 2ᵐᵉ personne du pluriel du passé défini de chaque verbe actif transitif contenu dans le trait suivant :

Odoacre, roi des Hérules, après avoir détrôné Romulus Augustule, et fondé un royaume en Italie, fut renversé à son tour par Théodoric, roi des Ostrogoths, qui le tua lui-même en 489. Théodoric, plus heureux, finit ses jours sur le trône; mais à sa mort, commença la décadence de l'empire des Ostrogoths. Une révolution arracha le sceptre à sa fille Amalazunthe; il passa bientôt entre les mains de Vitigès, qui n'en jouit pas plus longtemps. Le célèbre Bélisaire, général de Justinien, empereur d'Orient, descendit en Italie, battit les Goths, et prit Vitigès lui-même, en 541.

2ᵐᵉ DEVOIR. — 5ᵐᵉ SÉRIE.

SUJET. — CRÉATION DU MONDE.

L'Écriture sainte nous enseigne que Dieu a créé , c'est-à-dire, qu'il a fait de rien le ciel, la terre et tout ce qu'ils enferment, (1) Il fit ce grand ouvrage en six jours. Au premier jour, il commanda que la lumière fût faite. Au second, il fit le firmament, auquel il donna le nom de ciel. Au troisième jour, il sépara la terre d'avec les eaux , qu'il rassembla toutes, et auxquelles il donna le nom de mer. Il commanda ensuite que la terre produisît toutes sortes d'herbes et de fruits , qui eussent en eux-mêmes leur semence, pour se multiplier et se reproduire, chacun selon son espèce. (2) Au quatrième jour, Dieu fit le soleil et la lune pour régler, par leurs mouvements et leur cours, les temps, les années, les mois et les jours ; il fit aussi les étoiles. (5) Au cinquième jour, il produisit les poissons et les oiseaux. Au sixième jour, Dieu commanda à la terre de produire des animaux vivants de toutes sortes d'espèces. Il voulut créer encore, ce même jour, l'homme, qui était le dernier et le plus parfait de ses ouvrages, et (4) pour lequel il avait fait toutes les autres créatures. Il forma son corps du limon de la terre, et (5) il lui donna une âme spirituelle et raisonnable, (6) afin qu'il fût capable de connaître et d'aimer son Créateur.

Avis. Dans les mots qui renferment soit une voyelle longue, soit un *e* ouvert avec accent grave, l'élève, en transcrivant le sujet, soulignera les dites voyelles, et les séparera avec soin d'autres voyelles qui pourraient les précéder ou les suivre.

Nota. Nous n'ajouterons plus ces mots : « en transcrivant le sujet ci-dessus », attendu que tout sujet devra toujours être transcrit, pour que l'élève puisse répondre à ce qui lui est demandé, en faisant suivre de sa réflexion, lorsqu'il y aura lieu, le mot qui en est l'objet.

Questions. 1° Dieu a-t-il fait en un seul jour tout ce que le ciel et la terre renferment ? 2° Quel jour a-t-il fait le soleil et la lune ? 3° Les poissons et les oiseaux ont-ils été créés le même jour que l'homme ? 4° Pour qui Dieu a-t-il créé le monde ? 5° S'est-il contenté de donner un corps à l'homme ? 6° Pourquoi lui a-t-il donné une âme spirituelle et raisonnable ?

5me LEÇON.

De l'y.

I. L'*y* admet deux sons différents dans la prononciation des mots, selon la position qu'il occupe. 1° Il s'emploie comme un *i* simple et en prend le son, quand il est placé au commencement des mots, comme dans Ypres (*ville*), ypréau (*arbre*), Yssel (*rivière*), Yéso (*île*), yeux, yole (*petit canot*); ou bien, à la fin des mots, après une voyelle, comme dans bey, Douay, Tournay; ou enfin, au commencement et dans le corps des mots, mais avant ou après une consonne, comme dans hymne, martyr, pyramide. 2° L'*y*, se trouvant entre deux voyelles, prend le son de deux *i*, comme s'il en avait la valeur. Ainsi, dans les mots abbaye, citoyen, appuyer, on prononce l'*y* de même que si ces mots étaient écrits abbaiie, citoiien, appuiier. La même chose a lieu quand, dans le corps d'un mot, il est précédé d'une voyelle: pays — paiis.

Des diphthongues.

11. On appelle *diphthongue* la réunion de deux ou de plusieurs voyelles qui, se prononçant par une seule émission de voix, forment deux sons en une seule syllabe, comme *ai* dans *taille*, *ei*, dans *veiller*, *eui* dans *seuil*, *ia* dans *diamant*, *iai* dans *biaiser*, *iau* dans *miauler*, *ie* dans *bien*, *ieu* dans *Dieu*, *io* dans *pion*, *oe* dans *moelle*, *oi* dans *loi*, *oui* dans *Louis*, *ue* dans *luette*, *ui* dans *nuit*. L'*y* fait quelquefois diphthongue comme l'*i* : *Luynes* (*ville de France*), *Huy* (*ville de Belgique*).

Dans notre grammaire complète nous ferons connaître un plus grand nombre de diphthongues.

5me DEVOIR. — 1re SÉRIE.

Avis. 1º Faire quatre catégories des mots qui suivent. La première renfermera tous les mots dans lesquels entre un *y* en conformité avec le 1º de la leçon ; la seconde, tous les mots dans lesquels entre un *y* en conformité avec le 2º de la leçon ; la troisième, tous les mots qui ont une ou plusieurs *diphthongues* ; la quatrième, tous les mots qui n'ont ni l'*y*, ni une *diphthongue*.

Nota. Les mots suivants seront donc passés quatre fois en revue. On devra souligner les *y* et les *diphthongues* ; les mots seront répétés, s'ils appartiennent à deux catégories différentes.

Ypres ; ypréau ; troisième ; pays ; feuille ; huile ; huée ; essuyer ; physique ; abeille ; aboyer ; Huy ; hydre ; union ; huissier ; croix ; muette ; minuit ; mois ; voyage ; paysage ; tympan ; style ; hypothèse ; oisiveté ; réparation ; écolier ; aventurier ; pluie ; hypocrite ; pointe ; pourriture ; souillure ; conjonction ; homonymie ; pierre ; système ; moitié ; hyène ; puissant ; mouvoir ; paysan ; ciel, Europe ; Asie ; Eugène ; Jean ; hymne ; poignet ; voici ; tyran ; Pyrénées ; fou, fuyant ; yacht (*bâtiment à voiles*) ; huître ; ennui ; travail ; travaux ; veille ; vieux ; vieille ; vielle ; bruyant ; attirail ; noisette ; caillou ; crayon ; lièvre ; voyelle ; fauteuil ; soupirail ; joyau ; soyeux ; impitoyable ; Égypte ; Hyacinthe ; York ; hygiène ; effrayant ; yatagan (*poignard turc*) ; effroi ; payeur ; aile ; ail ; loyauté ; syllabe ; crayon ; ruisseau ; aube ; chaise ; foi ; radeau ; roux.

2º Répondre aux questions suivantes : (a) Quelle différence mettez-vous entre les voyelles et les consonnes ? (b) Entre les voyelles longues

IV.   2*

et les brèves? (c) Entre un *é* fermé et un *è* ouvert? (d) Qu'est-ce que l'alphabet? (e) Qu'emploie-t-on pour le langage de la parole? (f) Et pour celui de l'Écriture?

5me DEVOIR. — 2me SÉRIE.

Avis. 1º Copiez le trait précédent (Odoacre, etc. 2me dev. 2me sér.), et désignez tous les noms propres, en les soulignant. Vous direz, à la fin, à quoi vous reconnaissez que ce sont des noms propres, et vous ferez le raisonnement particulier indiqué par la 6me leçon, pour un nom d'homme, de femme, de peuple, de royaume pris dans ce sujet.

2º Appliquez à chacun des mots, qui suivent, l'enseignement indiqué par la 3me leçon concernant l'*y*.

Dynastie; Odcypour (*ville*); hysope (*plante*); système; yacht; mythologie; essuyer; payer; tympan; Yucca (*plante*); type; paysage; hyène (*animal féroce*); essayer; dyssenterie; myope; foyer; bégayer; grasséyer; hymne; physique; Aveyron (*rivière de France*).

3º Parmi les mots suivants, séparez ceux dans lesquels se trouve une diphthongue.

Étoile; ardeur; ours; augmentation; Julien; Paul; moi; lui; autres; scorpion; huître; lion; Lyon; produit; bouillon; eau; oiseau; marée; fontaine; oisif; abeille; luire; vicieux; loyal; puissance; voix; yeux; moitié; quadrupède; droit; Sion; bruit; assaut; tabatière; couteau; feu; bataille.

Soulignez la diphthongue dans le mot.

4º A quoi reconnaissez-vous que les mots séparés renferment des diphthongues? Donnez-en quelques exemples avec la preuve.

5me DEVOIR. — 5me SÉRIE.

SUJET. — DES INSÉCTES.

Les insectes pour lesquels on témoigne presque généralement du mépris, sont extrêmement curieux par leur diversité, par leurs inclinations, par leurs ruses et par les proportions surprenantes de leurs organes. Dieu n'a pas jugé indigne de lui de les *créer* (1), jugerions-nous indigne de nous de les considérer? Si *nous venons* ensuite à les voir de plus près, *nous y découvrons* mille sujets d'étonnement, qui ont été jusqu'alors pour nous comme des choses mystérieuses. Leur petitesse semble d'abord autoriser le dédain qu'on a pour eux (2); mais elle est un nouveau motif d'admirer l'art et le mécanisme de leur structure, qui nous *forcent* à payer un juste tribut d'admiration à leur Auteur. Des insensés peuvent les regarder comme un effet du hasard, ou comme le rebut de la nature (3); mais des yeux attentifs y *aperçoivent* une sagesse qui, bien loin de les négliger, a pris un soin tout particulier de les vêtir, de les armer, de les pourvoir de tous les instruments qui sont nécessaires à leur état. C'est la sagesse infinie de Celui qui les a créés.

(4) Dieu les a vêtus, et même avec complaisance, en *prodiguant* dans leurs robes, sur leurs ailes et dans leurs ornements de tête, l'azur, le vert, le rouge, l'or et l'argent, les diamants même, les franges, les aigrettes et les panaches. La Sagesse divine, qui s'est jouée dans leurs divers ajustements, (5) les a armés de pied en cap et les a mis en état de faire la guerre, d'attaquer et de se défendre. *Ils ont*, la plupart, de fortes dents, ou une double scie, ou un aiguillon et deux dards, ou de vigoureuses pinces. Une cuirasse d'écaille leur *couvre* et leur *garnit* tout le corps. Les plus délicats *sont garnis* au dehors d'un poil épais qui affaiblit les chocs qu'ils pourraient recevoir et les frottements qui les *endommageraient*. (6).

Avis. 1° Souligner tous les mots dans lesquels entre un *y*, quelle que soit la position qu'occupe cet *y*; faire de même pour les *diphthongues*.

2° Indiquer a la suite de chaque verbe qui, dans le sujet, est désigné par des italiques, à quelle voix il appartient; à quelle personne, à quel nombre, à quel temps, à quel mode il se trouve.

Questions. 1° Pourquoi ne doit-on pas mépriser les insectes? 2° Quel sentiment doit exciter en nous l'art, le mécanisme de la structure des insectes? 4° Les insectes sont-ils un effet du hasard? 4° Qu'a fait la Sagesse divine pour leur parure? 5° Et pour leur défense? 6° Que devons-nous penser de tout cela?

4ᵐᵉ LEÇON.

Des consonnes.

I. Toutes les consonnes unies à une voyelle quelconque, ont une articulation propre. *Ba* n'est pas *da*, n'est pas *ja*, n'est pas *ta*, etc.; *bo* n'est pas *do*, n'est pas *go*, etc. La consonne *h*, seule, est sans articulation propre. En d'autres termes, elle n'ajoute rien, pour l'articulation, à la voyelle qui la suit. *Ha* se prononce comme *a*; *hé*, comme *é*, etc. Seulement, dans certains mots, elle fait prononcer du gosier la voyelle qui la suit, comme dans *haine*, *héros*, *hibou*, *houppe*, *hure*, et alors, on l'appelle *h aspiré*. Aussi on dit : *la haine* et non *l'haine*, comme *l'humeur* dont le *h* n'est pas aspiré. On dit *les héros*, au pluriel, comme s'il y avait *lé héros*, et non *lé zéros*.

Dans enhardir, enharnacher, le *h* est aspiré, comme dans la hardiesse, le harnais.

II. Le *h* est appelé *muet* ou *non aspiré*, quand il n'ajoute pas d'aspiration à la voyelle qui le suit, comme dans *habit*, *hectare*, *hiver*, *honneur*, *humeur*, *hymne*, qu'on prononce comme s'il y avait sans *h*, *l'abit*, *l'ectare*, *l'iver*, *l'onneur*, *l'umeur*, *l'ymne*. Aussi, au pluriel, prononcera-t-on *les habits*, etc. comme s'il y avait *lé zabits*, et non comme s'il y avait *lé habits*.

III. Le *h* muet qui se trouve dans le corps d'un mot, n'ajoute généralement rien à l'articulation après certaines consonnes. Ainsi *athée*, *théâtre*, *chœur*, *chronique*, etc., se prononcent comme s'il y avait sans *h*, *atée*, *téâtre*, *cœur*, *cronique*, etc.

Nota. Nous ajoutons ce qui suit, pour les élèves qui ont déjà vu deux fois la grammaire élémentaire.

IV. Il est toutefois certaines consonnes après lesquelles le *h* muet donne occasion à un changement de prononciation.

1º La consonne *p*, suivie d'un *h* et d'une voyelle, se prononce comme *fa*, *fe*, *fi*, etc. *Pharmacien*, *phénix*, *philosophie*, *phosphore*, *physique*, se prononcent comme si *ph* était remplacée par *f* : *farmacie*, *fénix*, *filosofie fosfore*, *fysique*. Il est même des cas, mais ils sont rares, où cette même prononciation de la consonne a lieu, quand le *h* est suivi d'une consonne, comme dans *phlegmasie*, (inflammation), *phlox* (plante), *phrase*, *phthysie*. Prononcez *flegmasie*, *flox*, *frase*, *ftysie*.

2º La consonne *c*, suivie d'un *h*, prend aussi le plus souvent le son doux de *cha*, *che*, *chi*, *cho*, *chu*, *chy*, comme dans *chaise*, *charge*, *chemise*, *chien*, *chose*, *chuchoter*, *chyle*. Mais, dans un certain nombre de mots, il prend le son dur du *k*, comme dans *archange* (kan), *archétype* (ké), *archiépiscopal* (ki), *archonte* (kon), *choléra* (ko).

4me DEVOIR. — 1re SÉRIE.

Avis. 1º Faire trois catégories des mots suivants. Mettre dans la première ceux qui commencent par un *h* aspiré ; dans la seconde, ceux qui commencent par un *h* muet ; dans la troisième, ceux dans lesquels se trouve un *h* qui ne change rien à l'articulation. L'article *le*, précèdera les noms masculins. Ex. : le héros, l'homme ; l'article *la* précédera les noms féminins. Ex. : la haine, l'habitude. On emploiera l'article de la même manière, pour les noms de la troisième catégorie. Ex. : le théâtre, l'adhésion.

Homme ; héros ; habitant ; hydre ; théâtre, inhumation ; habitude ; honte ; honneur ; hêtre ; théologie ; hardiesse ; hâte ; hôpital ; hochet ; rhumatisme ; hiver ; hargneux ; hilarité ; herse ; harnais ; hiéroglyphe ; Hollande ; Hottentot ; horoscope ; hiatus ; hièble ; humilité ; hurlement ; huître ; inhumanité ; hotte, hôte, hôtesse, hutte ; adhésion ; exhortation ; hortensia ; Hongrie ; histoire ; éther ; hibou ; hameçon, hanneton, héroïne ; héritage ; rhétorique ; Rhin ; rhum ; héron ; hérésie ; herbe ; thème ; thermomètre ; hôpital ; mathématicien ; malheur ; hasard ; harpe ; hoquet ; hostie ; houblon ; houille ; bouilleur ; humanité ; huitième ; hôtellerie ; horizon.

Le dictionnaire indique le *h* aspiré, par un astérisque.

2° Répondre aux questions suivantes. (a) Pourquoi dit-on que le *h* est aspiré dans certains mots ? (b) Quelle est la prononciation du *h* muet ? (c) Comment prononcerez-vous les syllabes suivantes : *ha, hé, han, har, hi, his, hum, kom, oh, ih, inhu, anha, onh.* (d) Pourquoi les autres consonnes se prononcent-elles quand elles précèdent une voyelle, comme dans *go, pa, ri, mu, no,* etc. ?

4me DEVOIR. — 2me SÉRIE.

Avis. 1° Faire précéder chacun des mots qui suivent, de l'article singulier *le, la,* selon le genre, et avec l'élision, quand il sera nécessaire ; y ajouter un adjectif du même genre. Le pluriel du nom suivra le singulier avec l'article et l'adjectif. Ex. : le hameau riant, les hameaux riants ; la hauteur pénible, les hauteurs pénibles, etc.

Hameau ; hauteur ; haleine ; hâbleur ; humeur ; hameçon ; histoire ; hasard ; hébreu ; hectare ; hennissement ; hémisphère ; héritier ; hochet ; hommage ; homélie ; harnais ; hausse ; housse ; horloger, horloge ; hanneton ; hôpital ; honte ; hôte ; hotte ; herse ; herseur ; héritage, hérisson ; hibou ; héros ; héroïne ; herbe ; harpe ; harpon ; Hongrie ; honnêteté ; humanité ; hurlement ; hautbois ; hiver ; havre ; heure ; hautesse ; hécatombe ; herbage ; hêtre ; hiatus ; hôtel ; hoqueton ; horizon ; houssine ; houppe ; houlette ; hussard ; huppe ; hersage ; harpiste ; hangard.

Le dictionnaire indique le *h* aspiré.

2° Donnez les temps primitifs de tous les verbes actifs soit transitifs, soit intransitifs que renferme le fait suivant ; indiquez si le verbe est transitif ou intransitif.

Pendant que Sigebert, roi d'Austrasie, fils et successeur de Clotaire, luttait contre l'ambition de ses voisins, une nation germanique, quittant, en 567, les *rives de l'Elbe et de l'Oder*, vint encore une fois changer la face de l'Italie. Je veux parler des Lombards. Ces peuples, après avoir fait alliance avec les Avares, pour exterminer les Gépides, entrèrent en Italie. Alboin, chef des Lombards, s'étant emparé de la Ligurie, prit le titre de roi de Lombardie, en 569. Ensuite il parcourut l'Italie, mais il n'entra pas dans Rome. Pavie fut la capitale de ce nouveau royaume, qu'Alboin rendait heureux et florissant, lorsqu'il mourut assassiné, en 571.

3° Dans le même trait, les mots *Sigebert*, — *une nation germanique* — *je*, — *ces peuples*, — *Alboin*, — *il*, — *il*, — *Pavie*, — *Alboin*, — *il*, sont sujets ; indiquez le verbe dont chacun d'eux est le sujet, et pour cela, suivez attentivement le trait, attendu que ces mots sont par ordre.

4me DEVOIR. — 5me SÉRIE.

SUJET. — LES OISEAUX.

Les oiseaux sont les habitants de l'air. (1) Tout l'univers est plein de vie. Chaque partie de la nature a son action et ses animaux propres. On ne saurait faire un pas sans trouver de nouveaux traits d'une sagesse (2) qui est aussi inépuisable dans la diversité des plans, que féconde, libre et sûre dans l'exécution. Examinons l'oiseau qui vole. Rien de plus naturel aux yeux de l'habitude ; rien de si étonnant aux yeux de la raison. (5) On voit bien, que la route de l'air, qui a été fermée aux autres animaux, a été ouverte à celui-ci. Le fait est certain ; et, cependant, il paraît hors de possibilité. Un oiseau qui vole, est une masse qui s'élève vers les hauteurs de l'air, malgré le poids de cet air, malgré cette action puissante qui s'exerce sur tous les corps, et qui les pousse contre terre. Cette masse est emportée, non pas par une force en dehors d'elle-même, mais par un mouvement qui lui est propre, et qui s'y soutient longtemps avec vigueur et avec grâce.

Mais voici bien un autre sujet d'étonnement pour l'homme

qui considère tous ces oiseaux : il les voit tous n'ayant que deux ailes, et il trouve à tous une manière différente de voler. Les uns s'élancent par reprises, ou avancent par bonds ; d'autres semblent glisser dans l'air, ou le fendre d'une course hardie, mais égale. (4) Ceux-ci vont toujours terre à terre ; ceux-là sont capables de s'élever jusqu'au plus haut des nues. On en voit qui savent diversifier leur vol, monter en ligne droite, oblique ou circulaire ; se suspendre et demeurer immobiles dans un élément plus léger, qu'eux; planer ensuite ; puis s'écarter à droite, à gauche; rebrousser chemin, remonter et se précipiter en toute hâte et subitement, comme une pierre qui tombe ; enfin, se transporter partout sans obstacle et sans risque, au gré *de* leur besoin et de leur plaisir.

Avis. 1º Expliquer, sans analyse complète, comme il est indiqué dans l'avis du 1er devoir, 3ᵐᵉ série, la fonction de chacun des mots que renferme le 1er alinéa du sujet : *Les oiseaux.*

2º Transcrire les mots suivants, et mettre à la suite de chacun d'eux leur véritable prononciation pour ce qui a rapport à la syllabe où se trouve la consonne *h.* Ex. : philosophie (*filosofie*) ; chacun, se prononce comme il s'écrit (*chacun*); archange (*arkange*), etc., etc.

Philosophie; chacun; archange; chou; choléra; théologie; chameau; phrase; archevêque ; archiépiscopal; chlore; phtisique ; chien ; chronique; chœur; Christ ; enhardir; exhortation ; phaéton ; phrénésie ; phare; chrysalide ; anachronisme; chômage.

Questions. 1º Comment l'univers est-il plein de vie? 2º De quelle sagesse veut-on parler ici ? 3º Comment la route de l'air a-t-elle été fermée aux autres animaux ? 4º Que signifient ces mots : Ceux-ci vont toujours terre à terre.

5ᵐᵉ LEÇON.

Des syllabes.

I. Une voyelle, ou seule, ou jointe à d'autres lettres qui se prononcent toutes avec la voyelle par une seule émission de voix, s'appelle *syllabe.*

II. Une syllabe ne peut exister en français sans voyelle. Deux voyelles peuvent, sans le secours d'une consonne, former une syllabe, comme *ai*, dans *aigle* (ai-gle), *au* dans *aube* (au-be), *eu* dans *Europe* (Eu-ro-pe), *ou* dans *ouragan* (ou-ra-gan).

III. Plusieurs consonnes unies à une voyelle, peuvent former une syllabe, comme *grand, splendeur, sphinx*, ainsi divisés en syllabes : grand, splen-deur, sphinx.

IV. Un mot qui n'a qu'une syllabe , comme *frais, lourd*, etc. s'appelle *monosyllabe;* celui qui en a deux, comme *langue, force*, etc. s'appelle *dissyllabe*. On nomme *trissyllabe* tout mot composé de trois syllabes, comme *utile, général*, etc. La dénomination de *polysyllabe* est applicable à tout mot qui renferme plusieurs syllabes, quel qu'en soit le nombre. Ainsi, *homme, histoire, orthographe, prononciation, miséricordieux, miséricordieusement* sont des polysyllabes. Le dernier de ces mots renferme jusqu'à huit syllabes : mi-sé-ri-cor-di-eu-se-ment.

5me DEVOIR. — 1re SÉRIE.

Avis. 1° Transcrire la cinquième leçon avec séparation des syllabes dans chaque mot, ainsi qu'il suit : U-ne-vo-yel-le-ou-seu-le, etc.

2° Inscrire en particulier, et en suivant l'ordre indiqué par la leçon, tous les dissyllabes qui s'y trouvent.

3° Agir de même pour les trissyllabes. (*Tous les mots du* 2° *et du* 3° *seront séparés par un point-virgule*).

4° Inscrire tous les mots qui renferment une diphthongue (*même remarque pour la séparation des mots*).

5me DEVOIR. — 2me SÉRIE.

Avis. 1° Dire pour quel motif une syllabe ne peut exister, en français, sans la présence d'une voyelle.

2° Faire connaître une quinzaine de mots dans lesquels se trouve une syllabe formée de deux voyelles sans consonne, et faire suivre ce mot d'un adjectif renfermant aussi une syllabe formée de deux voyelles.

3° Inscrire une quinzaine de mots de trois syllabes, en séparant les syllabes par un *tiret* ou petit trait horizontal, et chaque mot par un point-virgule.

4° Agir de même pour autant de mots de quatre syllabes.

5° Transcrire le trait suivant, et faire connaître, au fur et à mesure qu'ils se présenteront : (a) les adjectifs qualificatifs, ayant soin d'en

donner le nombre et le genre, avec le nom auquel ils se rapportent;
(b) les verbes actifs transitifs, en désignant la personne, le nombre, le
temps et le mode.

En 752, un ennemi redoutable menaça le midi des vastes
États de Charles : c'étaient les Sarrasins, nation ambitieuse
et cruelle. Le vaillant Abdérame les commandait. Ce guerrier n'avait jamais éprouvé de défaite, et ses troupes pas-
saient pour les meilleures que l'on connût. Elles étaient
nombreuses et se promettaient la victoire. Cependant la
valeur des Austrasiens, et surtout des Germains, parmi lesquels Charles avait fait des levées extraordinaires, triompha
du nombre et de la réputation colossale des Sarrasins.
Abdérame lui-même périt sur la fin de la journée, et
occasionna, par sa mort, la déroute complète de son armée.
Charles, qui fit des merveilles inouïes dans cette journée
mémorable, s'abstint de poursuivre les Sarrasins mis en
déroute. Il les laissa rentrer dans leur camp, qu'ils aban-
donnèrent au vainqueur pendant la nuit. Le lendemain, ses
troupes en firent le pillage, et le trouvèrent enrichi des dé-
pouilles de tous les peuples qu'Abdérame avait vaincus.

5me DEVOIR. — 3me SÉRIE.

SUJET. — LES OISEAUX DE NUIT.

(1) Tandis que les oiseaux de jour préviennent le soleil
par leur chant, et lui rendent le même devoir quand ce bel
astre se couche, les oiseaux de nuit, seuls, se refusent à cet
applaudissement général pour la lumière. Ils l'évitent
comme leur ennemie; ils ne veulent jamais l'avoir pour
témoin de leurs actions, et ils se cachent dans les antres les
plus obscurs, pendant qu'elle éclaire l'univers. Ils attendent
avec impatience le retour des ténèbres pour sortir des pri-
sons où le jour les tenait enfermés, et ils témoignent alors
leur joie par des cris qui ne sont propres qu'à porter la
crainte, la consternation et l'effroi dans l'esprit de ceux qui
les entendent. Les oiseaux de jour ont, chacun, leur cri
particulier, selon leur espèce différente; (2) mais les oiseaux
de nuit ont généralement un cri lugubre et alarmant. (3)
Leur figure a quelque chose de sauvage, de hideux, de taci-
turne, et l'on croit voir peinte sur leur physionomie leur

haine, et contre l'homme, et contre les animaux. Ils ont ordinairement le bec crochu et des serres tranchantes d'entre lesquelles la proie, une fois saisie, ne saurait s'échapper. (4) Ils profitent des ténèbres et du temps consacré au sommeil, pour surprendre les oiseaux endormis, dont les plus forts ont peine à se soustraire à leurs atteintes, et dont les plus faibles deviennent assurément leurs victimes. Ils joignent aussi la surprise à la cruauté, et l'artifice à la fureur; et, après n'avoir veillé que pour le malheur public, (5) ils se retirent avant le lever du soleil, dans quelque caverne sombre et inaccessible à la lumière. Ils préfèrent ordinairement les anciens châteaux et les vieilles masures à toutes les autres retraites, comme si la désolation et les ruines, qui marquent la négligence des maîtres, ou la décadence des familles, étaient capables d'inspirer quelques sentiments de joie à ces funestes oiseaux.

Avis. 1° Recopier tout le sujet en changeant le pluriel (*les oiseaux de nuit*) en singulier (*l'oiseau de nuit*), et en mettant au singulier tout ce qui devra admettre ce nombre par suite de ce changement. Le reste ne prendra d'autre nombre que celui qui lui est assigné dans le sujet.

2° Souligner tout mot composé de trois syllabes.

3° Mettre entre parenthèses le genre et le nombre de tout adjectif qualificatif.

Questions. 1° Pourquoi appelle-t-on oiseaux de jour ceux dont il est parlé dans le sujet précédent, et ceux-ci, oiseaux de nuit? 2° Quel sentiment inspire le cri des oiseaux de nuit? 3° Leur figure est-elle agréable à voir? 4° Pourquoi attendent-ils les ténèbres et le sommeil des autres oiseaux? 5° Où se retirent-ils avant le lever du soleil?

6me LEÇON.

Parties du discours.

Les mots, signes de nos idées, servent à composer les phrases. On entend par *phrase* la réunion de plusieurs mots qui forment un sens complet. Dans la langue française il y a dix sortes de mots, qu'on appelle aussi parties du discours. Ce sont : Le *nom*, l'*article*, l'*adjectif*, le *pronom*, le *verbe*, le *participe*, l'*adverbe*, la *préposition*, la *conjonction* et l'*interjection*. Ces mots sont employés dans une phrase, selon leur nature et leurs propriétés, et conformément aux règles de la grammaire, qui a pour objet d'enseigner à parler et à écrire correctement.

Nom ou substantif.

I. Le *nom* est un mot qui sert à nommer, à désigner toutes sortes d'êtres ou d'objets, soit qu'ils existent réellement, comme *Dieu, homme, bête, arbre*, etc., soit qu'ils n'existent que dans l'imagination, comme *bonté, ardeur, modestie*, etc.

On distingue deux sortes de noms. Le nom *propre* et le nom *commun*.

II. 1° Le nom *propre* est ainsi appelé parce qu'il convient à tel ou tel individu, et non à tous. *Alexandre, Pyrénées, Belgique* sont des noms propres, parce que tous les hommes, quoique plusieurs puissent porter ce nom, ne s'appellent pas *Alexandre*; parce que toutes les montagnes n'ont pas le nom de *Pyrénées*, ni tous les royaumes, celui de *Belgique*.

2° Le nom *commun* est celui qui convient à tous les individus de la même espèce, qui leur est commun. Les noms *homme, femme*, conviennent, le premier à tous les hommes; le second, à toutes les femmes. Le nom *soldat* convient à tous les soldats; le nom *arbre*, à tous les arbres, etc.

On dirait de même pour *bonté, ardeur, modestie*. Ces noms-ci représentent des objets qui n'existent que dans l'imagination, tandis que les premiers désignent des êtres qui existent réellement.

Le nom *collectif*, appartenant à la classe des noms communs, est ainsi appelé, parce qu'il désigne une réunion de personnes ou de choses, et présente à l'esprit l'idée d'une collection d'individus de la même espèce.

On distingue deux sortes de collectifs : le *général* et le *partitif*. Le collectif général représente la totalité des objets qui forment la collection : *la foule des hommes est capricieuse*. Le collectif partitif désigne seulement une partie des objets : il y a *une foule d'hommes* qui vivent selon leur caprice.

REMARQUE. Tout nom propre, soit de personne, soit de royaume, de ville, de montagne, de mer, de fleuve, etc. commence par une lettre *capitale* ou *majuscule*. Le mot qui commence une phrase, une citation ou un vers, prend aussi une majuscule. Nous ferons connaître plus tard d'autres noms qui prennent aussi la majuscule.

6ᵐᵉ DEVOIR. — 1ʳᵉ SÉRIE.

AVIS. Copier les 1ᵉʳ, 2ᵉ, 3ᵉ devoirs, 1ʳᵉ sér. et placer devant chaque nom, tantôt l'article *le, la*, tantôt l'adjectif numéral *un, une* ; mettre après chaque nom, entre parenthèses, (nom commun) ou bien (nom propre). Les noms propres ne sont pas précédés de l'article.

Le 1er de ces devoirs commence par *aigle ;* le 2me, par *humanité ;* le 3me, par *Ypres.* On omettra les mots qui ne sont pas des noms.

6me DEVOIR. — 2me SÉRIE.

Avis. 1° Recopier le trait du 5me dev. 2me sér. (en 732) et souligner tous les noms communs.

2° En faire connaître , entre parenthèses, les verbes actifs intransitifs, ayant soin de désigner la personne, le nombre, le temps, le mode.

3° En transcrivant le trait suivant, faire reparaître la majuscule des noms propres, qui a été omise à dessein, et souligner en même temps les noms qui désignent des objets dont l'existence n'est pas réelle, c'est-à-dire, ne réside que dans l'imagination.

Depuis 754 jusqu'en 740, charles-Martel trouva l'occasion d'exercer sa valeur ; mais, sur la fin de son existence, il eut quelques instants de repos, qu'il consacra à la propagation de la foi. Il fut extrêmement bien secondé dans cette noble entreprise par boniface, missionnaire du pape grégoire III. Ce prélat, ordonné évêque de thuringe par le pape, en 740, parcourut toutes les provinces de la germanie, et convertit, par son éloquence persuasive, tous ces peuples, qui croupissaient dans l'idolâtrie.

charles-martel, profitant de la disposition des esprits , et joignant son autorité à celle de boniface, introduisit quelques changements dans le gouvernement. Il rédigea les lois imparfaites des germains, et abolit diverses coutumes barbares. L'homicide fut défendu, et les églises furent regardées comme des lieux d'asile pour les malheureux.

Charles-martel mourut à quierzy-sur-Oise, le 22 octobre 741, après avoir gouverné vingt-cinq ans. Ce grand conquérant mérite, à beaucoup d'égards, l'estime et l'admiration de la postérité. L'on n'a aucun reproche de cruauté à lui faire, bien que le siècle qui le vit naître, puisse en fournir de nombreux exemples. Mais ce qui doit étonner, c'est la prudence qu'il montra dans un temps où l'on était si neuf dans l'art de la politique.

6me DEVOIR. — 3me SÉRIE.

SUJET. — LE CHEVAL.

Si la mode, ou plutôt l'usage, n'avait pas attribué au

lion le titre de roi des animaux, nul doute que la raison ne le donnât au cheval. (1) Le lion n'est rien moins que le roi des animaux; il en est plutôt le tyran, puisqu'il n'a dans ses mœurs que de les dévorer et de les effrayer. (2) Le cheval, au contraire, ne fait tort aux autres animaux, ni dans leurs personnes, ni dans leurs biens : il n'a rien qui le rende le moins du monde haïssable; on ne lui connaît aucune mauvaise qualité, il en a toutes sortes de bonnes. (3) De tous les animaux, il est le mieux pris dans sa taille, le plus noble dans ses inclinations, le plus libéral dans ses services et le plus frugal dans sa nourriture. Qu'on promène ses regards sur tous les animaux, en trouvera-t-on dont la tête ait plus de finesse et d'élégance? Peut-on voir des yeux plus pleins de feu, une encolure plus fière, un plus beau corps, une crinière qui flotte au gré des vents avec plus de grâce, et des jambes qui se plient avec plus de facilité? Qu'il soit en exercice sous le cavalier, ou que, débarrassé de la bride et du mors, il se joue en liberté dans la campagne, on trouvera dans toutes ses attitudes un port noble et un air qui se fait sentir à ceux même qui sont le moins connaisseurs.

Il est encore plus aimable pas ses inclinations : il n'en a, pour ainsi dire, qu'une, qui est de servir son maître. (4) Faut-il cultiver ses terres ou transporter ses bagages, il est prêt à tout, et succombera sous le travail plutôt que de reculer. S'agit-il de porter son maître même, il paraît sensible à cet honneur : il étudie la manière de le contenter; et au moindre signal il diversifie sa marche, toujours prêt à la retarder, à la doubler, à la précipiter dès qu'il connaît la volonté du cavalier. Ni la longueur du voyage, ni les chemins raboteux, ni les fossés, ni les rivières même les plus rapides, rien ne le décourage; il franchit tout. C'est un oiseau que rien n'arrête. Faut-il défendre son maître, ou aller avec lui à l'attaque de l'ennemi, il vole au-devant des hommes armés; il ne connaît pas la peur, il en est incapable. Le son de la trompette et le signal du combat réveillent son courage, et la vue de l'épée ne le fait pas reculer.

Avis. 1° Copier tout le sujet, en mettant *lion* et *cheval* au pluriel. Le français doit être en rapport avec ce changement.

2° Faire connaître la troisième personne du singulier de l'imparfait du subjonctif de tous les verbes qui sont à la voix active dans le 1er alinéa.

3° Transcrire les phrases suivantes, et indiquer, par abréviation (nom com.) (nom pr.) si le nom est commun ou propre ; mettre la majuscule omise à dessein devant les noms propres.

1. A athènes, capitale de l'attique, et dans rome, capitale de l'empire romain, tous ceux qui mouraient pour la patrie, avaient droit aux éloges de leurs concitoyens. — 2. Pygmalion, roi de tyr, avait fait périr sichée, mari de didon, sa sœur. Ce prince cruel et avare, après avoir forcé didon à s'enfuir, fut empoissonné par sa femme astarbé. Didon ayant parcouru la méditerranée, immense golfe de l'océan atlantique, qui s'étend entre l'europe et l'afrique, s'arrêta sur la côte où se trouve aujourd'hui le golfe de tunis, et y fonda la célèbre ville de carthage, patrie d'annibal, fils d'amilcar. — 5. louis IX, roi de france, fils de blanche de castille, influa sur son siècle par ses armes, par ses lois et par ses vertus, plus fortes encore que ses lois et ses armes. — 4. turenne, l'un des plus illustres généraux qui aient servi sous le règne de louis le grand, naquit à sedan, et fut tué d'un boulet à sasbach, ville du grand duché de bade.

QUESTIONS. 1° Pourquoi est-il dit que le lion serait le tyran plutôt que le roi des animaux ? 2° Les mœurs du cheval sont-elles les mêmes que celles du lion ? 3° Quelles sont les qualités du cheval ? 4° Le cheval est-il utile à son maître ? dites en quoi.

7ᵐᵉ LEÇON.

Du genre et du nombre dans les noms.

I. On distingue deux choses dans les noms : le *genre* et le *nombre*. Le genre marque proprement la distinction des sexes pour les hommes et pour les bêtes. Le nombre indique l'unité ou la pluralité.

Du genre.

II. La langue française n'admet que deux genres, le *masculin* et le *féminin*, destinés d'abord à distinguer les êtres animés, comme *homme, femme, lion, lionne*, etc, et applicables ensuite aux êtres inanimés existant réellement, comme *soleil, lune,* etc., ou bien seulement dans l'imagination, comme *courage, vertu,* etc.

Quant aux êtres animés, tout ce qui est mâle, comme *homme, lion,* ou qui représente un être animé, de l'espèce

mâle, comme *père*, *roi*, *ouvrier*, est du genre masculin.
Tout ce qui est femelle, comme *femme*, *lionne*, ou qui
représente un être animé, de l'espèce femelle, comme *mère*,
reine, *ouvrière*, est du genre féminin.

III.   FORMATION DU FÉMININ DANS LES NOMS.

Voici quelques règles à peu près générales :

1° Les noms terminés au masculin par une consonne,
forment leur féminin par l'addition d'un *e* muet après la
consonne : le souverain, la souveraine; le géant, la géante ;
le supérieur, la supérieure ; etc.

On trouve des exceptions : paysan, chrétien, échanson, etc., font paysan*ne*, chrétien*ne*, échanson*ne*, etc, en
redoublant la consonne finale, avant l'*e* muet.

2° Les noms terminés en *er*, forment leur féminin par
l'addition de l'*e* muet; mais on met un accent grave (euphonique) sur l'*è* qui précède la consonne finale : un jardinier,
une jardin*iè*re, etc.

3° Les noms terminés, par *é*, *i*, *u*, ajoutent un *e* muet au
féminin : un aîné, une aînée, un ennemi, une ennemie; un
détenu, une détenue, etc.

Abbé, favori, etc., font abbesse, favori*te*, etc. Ces exceptions sont assez rares.

4° Les noms terminés au masculin par un *e* muet, conservent la même terminaison au féminin : un élève, une
élève; un patriote, une patriote, etc.

Pour certains noms le féminin est *esse*, au lieu de l'*e*
muet : âne, an*esse*; nègre, négresse.

5° Les noms en *eau* changent eau en *elle* au féminin :
un tourtereau, une tourtere*lle*, etc.

6° Les noms en *eur* font tantôt *euse*, tantôt *rice*, tantôt
eresse, à la terminaison du féminin : un visiteur, une visiteuse, etc. ; un directeur, une directrice, etc.; un enchanteur, une enchant*eresse*, etc.

7° Les noms terminés au masculin par *x*, changent au
féminin *x* en *se* : un époux, une épouse; un goutteux, une
goutteuse etc.

REMARQUE. L'application du genre est facile quand il s'agit des personnes ; mais il n'en est pas ainsi pour les choses qui, le plus souvent,
ont reçu arbitrairement ou pour des raisons difficiles à distinguer, le

genre masculin et le genre féminin. Pourquoi *courage*, est-il du masculin et *bravoure* du féminin ? C'est ce que la grammaire ne saurait expliquer ; l'usage et l'étude feront connaître ces différences.

Un moyen mécanique pour distinguer le genre des noms, consiste à mettre devant les noms, les articles *le, la,* ou bien **un, une.** *Le, un,* indiqueront le masculin ; *la,* **une,** le féminin. Ainsi *courage, bravoure, rocher, roche,* ont leur genre assigné par cette application : *le* courage, *la* bravoure, **un** rocher, **une** roche.

Les, des ne pourraient indiquer le genre pour un nom pluriel, puisqu'ils s'emploient pour le masculin comme pour le féminin : *les* rochers, *des* roches. Il faudrait alors faire suivre le nom d'un adjectif quelconque susceptible d'une différence dans les genres : *les* rochers *pointus, les* roches *pointues.* Le dictionnaire d'abord, et l'usage ensuite, fixeront sur le genre.

7me DEVOIR. — 1re SÉRIE.

Avis. 1° Parmi les mots ci-dessous, inscrire seulement les noms, en laissant de côté ce qui ne sera pas reconnu nom, par l'application de l'article ; mettre en parenthèses (nom com ou .prop. masc. ou fém. selon le cas). Ex. : *Victoire,* (la, nom. com. fém.); **instrument** (l', nom com. masc.); *César* (nom pr. masc.), etc.

2° Choisir parmi ces mêmes noms, ceux qui représentent des êtres ou des objets existant réellement. Cet exercice sera séparé du premier.

Victoire ; instrument ; César ; Octavie ; rue ; disciple ; écolière ; école ; fatigue ; carnage ; mort ; décès ; esclavage ; servitude ; pré ; prairie ; harnais ; hotte ; hôte ; hôtesse ; hôtellerie ; prière ; étude ; travail ; instruction ; adresse ; bravoure ; courage ; valeur ; hardiesse ; contentement ; lâche ; menteuse ; montagne ; mont ; colline ; pic ; travaillons ; montez ; toujours ; barbarie ; consternation ; voleur ; consternation ; valise ; musicien ; fabricant ; fabrique ; fabriquez ; jouons ; joueur ; jeu ; insurrection ; défaut ; vice ; paresse ; oisiveté ; courir ; se repentir ; repentir ; se souvenir ; lait ; laiterie ; lit ; litière ; avarice ; prodigalité ; honteux ; malicieux ; moquerie ; raillerie ; heureux ; milicien ; moquerie ; raillerie ; colère ; angoisse ; chagrin ; pourtant ; pourtour ; maintien ; maintenant ; quelquefois ; éternité ; éternel ; éternellement ; Maxence ; Constantin ; nonobstant ; héros ; héroïne ; hamac ; moisson ; moissonnez ; allée ; allons ; terre ; terrestre ; Racine ; racine ; Bossuet ; bossu ; Corneille ; corneille ; fleur ; fleuri ; fumée ; fumez ; La Fontaine ; fontaine ; Léopold ; François ; Français ; angle ; Anglais.

7ᵐᵉ DEVOIR. — 2ᵐᵉ SÉRIE.

Avis. — 1º Désigner, mais sans analyse complète, la fonction de chacun des mots que renferme le 1ᵉʳ alinéa du sujet précédent (depuis 734 etc. 6ᵐᵉ dev. 2ᵐᵉ sér.) ; toutefois on désignera le genre et le nombre de chaque nom, le genre et le nombre de chaque adjectif qualificatif.

2º Indiquer, au fur et à mesure qu'on transcrira le trait suivant, les compléments directs des verbes actifs transitifs ; on exprimera le verbe dont le mot est complément.

Charlemagne, roi de France, dont les vastes États s'étendaient depuis l'Ebre jusqu'à la mer d'Allemagne, et qui possédait l'Italie, l'Istrie, la Dalmatie et la Pannonie, connaissant les difficultés et même les dangers de tenir sous un même sceptre tant de nations différentes, n'ignorait pas non plus que, pour gouverner plus facilement les hommes, il faut quelquefois les éblouir. En conséquence, il se rendit l'an 800 en Italie; et, le jour de la fête de Noël, le pape Léon III le sacra et le couronna empereur d'Occident. Les Romains qui croyaient voir renaître la gloire de leur ancienne puissance, confirmèrent son couronnement, en énonçant leurs vœux par des cris de joie.

Le pape, après le sacre de Charlemagne, lui rendit les mêmes hommages qu'on avait coutume de rendre aux empereurs romains après leur installation. De son côté, le nouvel empereur promit de protéger les Romains, et leur fit des présents dignes de la majesté impériale.

3º Indiquer, sans recopier le sujet, les mots pour lesquels la règle indique une majuscule. On pourra les souligner en transcrivant.

7ᵐᵉ DEVOIR. — 3ᵐᵉ SÉRIE.

SUJET. — LES POISSONS.

(1) Mille sortes d'animaux habitent l'air; d'autres traversent les campagnes ou rampent sur la terre. Il y a des familles dans le fond des bois; il s'en trouve dans le cœur des feuilles et sous l'écorce des arbres; d'autres se logent dans les crevasses des murailles, au fond des antres et des rochers; les entrailles même de la terre sont creuses et peuplées. Mais tous ces animaux si différents entre eux par leur naturel et par leur manière de vivre, ont cela de commun, qu'ils respirent l'air. Et voici un autre élément où ils périssent tous quand on les y plonge. Est-il donc impossible

de vivre sous l'eau? et l'eau, qui couvre plus de la moitié de notre globe, sera-t-elle sans habitants? Non, certes, car on y en découvre de plusieurs sortes. Et, comme les animaux qui couvrent la terre meurent sous l'eau, de même les habitants des eaux périssent à l'air, et ne peuvent se passer de l'élément qui leur a été assigné par le Créateur. Il est cependant difficile de comprendre comment leur sang, car ils en ont aussi, peut circuler; et comment il n'est pas congelé ou épaissi par le grand froid des eaux. Les animaux qui vivent sur la terre, ont ou des plumes, ou un duvet délicat, ou de bonnes fourrures de peau, garnies de poils, pour se défendre de l'action de l'air qui se refroidit quelquefois excessivement. Les poissons n'ont rien de semblable. Qu'ont-ils donc pour résister à un élément encore plus froid que l'air? Ouvrons un poisson. (2) La première chose qui se présente en le touchant, est une certaine colle, dont tout son corps est enduit en dehors. On trouve ensuite une couverture composée de fortes écailles; et, avant de parvenir à la chair du poisson, on trouve encore une espèce de lard ou de chair huileuse, qui s'étend d'un bout à l'autre, et qui enveloppe le tout. On ne comprend ni comment cette écaille peut se former, croître et s'entretenir, ni quelle est l'origine de cette huile, ni où en est le réservoir; mais cette écaille par sa dureté, et cette huile, par son antipathie avec l'eau, conservent au poisson sa chaleur et sa vie. (3) L'Auteur de la création ne pouvait lui donner une robe qui fût à la fois plus légère et plus impénétrable.

Ainsi, partout où nous portons nos regards, nous apercevons une sagesse qui connaît parfaitement tout ce qui entre dans son ouvrage, et qui n'est jamais contredite ou gênée par la désobéissance des matériaux qu'elle emploie.

Avis. Indiquer tous les noms communs, en donner le singulier et le pluriel précédés de l'article, et faire connaître si celui dont il s'agit, appartient aux êtres animés, (*ayant vie animale*), ou bien aux êtres ou objets existant réellement, ou enfin n'existant que dans l'imagination. On pourra employer les trois abréviations suivantes : (*vie ani.*) (*exist. réel.*), (*exist. imag*).

Questions. 1° Nommez quelques-uns des animaux (a) qui traversent les campagnes ; (b) qui rampent sur la terre ; (c) qui vivent dans le fond des bois ; (d) qui se logent dans les crevasses des murailles ; (e) au fond des antres et des rochers ; (f) qui se réfugient dans les entrailles de la terre. 2° Pourquoi les poissons peuvent-ils vivre dans l'eau ? 3° En quoi la sagesse divine brille-t-elle dans l'organisation des poissons ?

8ᵐᵉ LEÇON.

Du nombre dans les noms.

I. Il y a deux nombres dans la langue française :

1° Le *singulier*, qui n'indique qu'un seul être, qu'un seul objet : *l'homme, la reine, le drapeau, la gloire;* ou bien une seule collection d'êtres, d'objets : *l'armée, la foule, le verger.*

2° Le *pluriel*, qui indique plusieurs êtres, plusieurs objets ou plusieurs collections : *les hommes, les reines, les drapeaux, les gloires, les armées, les foules, les vergers.*

Formation du pluriel.

II. Les noms singuliers, *l'homme, la reine,* etc., et une infinité d'autres, suivent, pour la formation du pluriel, la règle générale, qui consiste à ajouter la lettre *s* au singulier du nom : l'homme, les hommes; la reine, les reines, etc. ; mais tous les noms ne forment pas ainsi leur pluriel. Il y a de nombreuses exceptions. Pour plus de simplicité, nous ferons connaître ici les plus faciles, réservant l'explication des autres pour la grammaire complète.

1ʳᵉ EXCEPTION. Les noms terminés au singulier par *s, x, z,* ont le pluriel semblable au singulier : *le temps, les temps; la croix, les croix; le gaz, les gaz.*

2ᵐᵉ EXCEPTION. Les noms dont le singulier est en *au, eau, eu,* prennent *x* au pluriel : le noyau, les noyaux; le radeau, les radeaux; le neveu, les neveux.

3ᵐᵉ EXCEPTION. Les noms dont le singulier est en *al* forment leur pluriel en *aux :* animal, cheval, font *animaux; chevaux.* Quelques noms, tels que bal, carnaval, régal, chacal, etc., font au pluriel, bals, carnavals, régals, chacals, etc.

REMARQUE. Les noms en *ou* suivent la règle générale, c'est-à-dire, prennent *s* pour former le pluriel, excepté *bijou, caillou, chou, genou, hibou, joujou, pou,* qui font au pluriel, par l'addition d'un *x*, au lieu de *s* : bijoux, cailloux, choux, genoux, hiboux, joujoux, poux.

III. Les noms terminés en *ent*, qu'on prononce comme *ant*, prennent toujours, et de toute rigueur, la lettre *s* au pluriel. On agit de même pour les adjectifs en *ant* et en *ent :* moment, moments ; tourment, tourments ; charmant, charmants ; clément, cléments.

REMARQUE. Dans ces mots et autres polysyllabes en *ent* et en *ant*, on peut, selon quelques grammairiens, supprimer la lettre *t* au pluriel. Toutefois la pratique presque générale en admet le maintien. Ainsi, au lieu d'écrire : les moment*s*, les enfan*ts* charman*ts*, on écrirait : les momen*s*, les enfan*s* charman*s*. Quoi qu'il en soit, et nonobstant cette opinion, qui nous semble n'offrir aucun avantage, il ne serait jamais permis de retrancher la lettre *t* au pluriel des monosyllabes, comme *dent, lent* qui font rigoureusement au pluriel den*ts*, len*ts*, et non den*s*, len*s*. Nous nous expliquerons plus tard pour *tout* qui fait *tous*.

8me DEVOIR. — 1re SÉRIE.

AVIS. 1° Changer le singulier en pluriel dans les noms qui suivent ; mettre à la suite, entre parenthèses, le genre, le nombre et ajouter si le pluriel est régulier ou irrégulier, c'est-à-dire, s'il suit la règle générale ou non. Ex. : les hommes (nom com. masc. plur. rég.) ; les bois (nom com. masc. plur. irrég.) ; les croix (nom com. fém. plur. irrég).

L'homme ; le bois ; la croix ; l'enfant ; la forêt, le glaive ; le roseau ; le héros ; l'héroïne ; la vertu ; le fruit ; le moment ; l'oiseau ; le cadenas ; le nid ; le parterre ; le chou ; le fil ; le fils ; le coucou ; le pays ; l'orage ; l'éclair ; le congrès ; le radeau ; le hibou ; le faucon ; le papier ; le toit ; le cerceau ; la toupie ; l'os ; le monument ; la pluie ; la chaleur ; la brebis ; le succès ; l'œuf ; le corps ; le cor ; le singulier ; le royaume ; le moineau ; le neveu ; le filleul ; le portrait ; le verrou ; la dent ; le cheveu ; l'habit ; le semis ; le jeu ; la noix ; la poix ; le pois ; le poids ; le houx ; le peuplier ; la rose ; le hameau ; l'if ; le cyprès ; l'ami.

2° Changer le pluriel en singulier ; marquer encore la régularité ou l'irrégularité du pluriel. Ex. : l'auspice (nom com. plur. rég,) ; l'appas (nom com. plur. irrég.).

Les auspices ; les appas ; les appâts ; les bans ; les bancs ; les chênes ; les chaînes ; les hospices ; les cadeaux ; les enjeux ; les cailloux ; les trous ; les joujoux ; les tapis ; les taffetas ; les cous ; les coups ; les procès ; les agneaux ; les exploits ; les amis ; les ennemis ; les discours ; les fils ; les fils ; les zigzags ; les lynx ; les léopards ; les ours ; les troupeaux ; les échalas ; les noix ; les époux ; les rideaux ; les essieux ; les airs ; les ais ; les fers ; les ardeurs ; les neiges ; les châteaux ; les tamis ; les almanachs ; les facteurs ; les hautbois ; les hasards ; les harmonies ; les encres ; les ancres ; les amendes ;

les amandes; les tribulations; les angoisses; les cachots; les
rames; les rameaux; les mers; les ruisseaux; les portes; les
couleurs; les feux.

8me DEVOIR. — 2me SÉRIE.

Avis. 1° Indiquer avec les noms auxquels ils se rapportent, les adjectifs qualificatifs qui se trouvent dans le trait précédent (Charlemagne, 7me dev. 2me sér.), qui devra être transcrit.

2° Changer le singulier en pluriel dans les noms qui suivent, en
maintenant les prépositions *à* et *de* avec l'article, et en faisant connaître si le pluriel est régulier ou irrégulier : Ex. : les maîtres (plur.
rég.); des époux (plur. irrég.); aux oiseaux (plur. irrég.).

Le maître; de l'époux; à l'oiseau; au sacrifice; le fils; du
père; de la sœur; au vin; du canard; à l'eau; du logis; le
discours; au vieillard; le trône; du roi; à la reine; la tribu;
du tribut; à l'animation ; du jeu; au jeu ; du ruisseau; au
cou; le buisson ; au buis ; le clou; au lion; à l'ouvrier; du
rhinocéros; le caillou; au genou; à la croix; de l'alphabet;
au compas; du tourment; à l'événement; le tabac; à l'hameçon; au hameau; à la brebis; le loup; l'agneau; au chien.

3° Changer le pluriel en singulier ; marquer encore la régularité ou
l'irrégularité du pluriel.

Les juges; aux enfants ; des roses; les houx; des appas ;
aux appâts ; des hôtels; les balais ; les os ; les choix ; aux
soins; des corps; aux cors; les faulx; des charrues; les morts;
des sens; aux cours; aux cours; des courses; les voix; aux
cheveux; des harmonies; aux poids; aux poix; aux pois; des
nez; des fourmis; les souris; des souriceaux; aux bijoux; des
diamants; les aigles; les radeaux; les bâtons; aux châteaux;
des bateaux; des gâteaux; aux maisons; des contrats; aux
cheminées.

8me DEVOIR. — 5me SÉRIE.

SUJET. — LA BALEINE.

De tous les poissons dont on ne mange pas la chair , le
plus utile, sans contredit, est la baleine (5), poisson énorme,
qui, ayant quarante-cinq et cinquante, quelquefois même
soixante-cinq mètres de longueur, est d'un très-grand rapport pour ceux qui en font la pêche. Cette pêche est extrêmement curieuse; la voici en peu de mots :

(1) Elle se fait vers les parties de l'Europe les plus septentrionales, où se rassemble une multitude de barques destinées à cette capture.

(2) Lorsqu'une baleine paraît sur l'eau, le plus hardi et le plus vigoureux pêcheur prend un harpon, qui est un javelot pointu et tranchant, d'environ deux mètres de longueur, auquel tient une corde d'une longueur de plus de cent soixante mètres. Quand il a pu percer le lard et la chair de la baleine, c'est ville prise : l'animal se tapit et coule à fond. Les pêcheurs cependant font filer leur corde, et la lâchent bien vite. S'il en faut une trop grande quantité pour suivre le poisson qui s'éloigne, ils attachent au bout de la corde une citrouille vide bien bouchée, dont ils observent le mouvement, pour savoir où est l'extrêmité de leur corde, et dans quel endroit se trouve la baleine. Après avoir perdu tout son sang, celle-ci revient quelquefois sur l'eau, ou bien on la tire avec la corde. On tâche alors de l'achever et de s'en rendre maître; on l'amène à bord ou à terre, et on l'y met en pièces. (4) Cette prise est importante pour les pêcheurs ; car, du lard d'une petite baleine qui a de vingt à vingt-cinq mètres de longueur, on fait quelquefois cent barriques d'huile, et deux cent quatre-vingt barriques environ d'une baleine de soixante-cinq mètres. (5) On fait un commerce considérable de cette huile. On s'en sert pour la préparation de certains cuirs et des laines de certaines draperies, ainsi que pour celle du savon. On en fait usage dans la peinture et dans la médecine. (6) Elle est surtout d'un secours infini dans tous les pays septentrionaux, pour éclairer, sans frais, les nuits qui y sont fort longues.

Avis. En transcrivant, s'arrêter 1° sur tous les noms communs dont on donnera le singulier et le pluriel qu'on fera suivre ou précéder d'un adjectif, offrant un sens en rapport avec le nom ;

2° Sur tous les adjectifs numéraux, en indiquant, entre parenthèses, s'ils sont ordinaux ou cardinaux (adj. num. card. ou ord.).

Questions. 1° Dans quelles parties du globe se trouve la baleine ? 2° Quels moyens emploie-t-on pour s'emparer de la baleine ? 3° Ce poisson est-il énorme ? 4° En quoi consiste le bénéfice des pêcheurs qui se sont rendus maîtres d'une baleine ? 5° L'huile qu'on en retire, est elle employée dans le commerce ? 6° A quoi sert-elle dans le pays même ?

9me LEÇON.

De l'article.

I. L'*article* est un mot qui a pour fonction de précéder les noms communs, et d'en marquer le genre et le nombre : *le* roi, *la* reine, *les* princes, *les* princesses.

II. L'article est tantôt *simple*, tantôt composé.

III. L'article simple est *le* pour le masculin singulier : *le* Créateur, *le* temple; *la*, pour le féminin singulier : *la* création, *la* majesté; *les*, pour le pluriel des deux genres : *les* temples, *les* majestés.

IV. L'article est composé, quand *le*, *la*, *les*, précédés de l'une des prépositions *à*, *de*, ne font avec ces prépositions qu'un seul mot : *de le* se change en *du*; *de les*, en *des* : *du* livre pour *de le* livre, *des* livres pour *de les* livres. *A le* se change en *au*; *à les*, en *aux* : *au* livre pour *à le* livre, *aux* livres pour *à les* livres. Il y a toujours composition au pluriel, *des* pour *de les* et *aux* pour *à les*.

V. L'article est élidé dans certains cas, mais au singulier seulement. C'est lorsque le mot qui suit l'article, commence par une voyelle, ou par un *h* muet. Ainsi, on dit *l'*âme pour *la* âme, *l'*homme pour *le* homme. On supprime alors *e* dans *le* et *a* dans *la*, et l'on remplace ces voyelles par un petit signe qu'on appelle *apostrophe* (1). Cette suppression de la voyelle est l'*élision*, à laquelle on a eu recours pour empêcher une consonnance désagréable, comme dans *la* âme, *le* homme.

VI. Il n'y a jamais d'élision devant une consonne ou un *h* aspiré : *le* roi, *le* hameau, *la* honte, *la* haine.

9me DEVOIR. — 1re SÉRIE.

Avis. 1° Mettre les noms suivants, d'abord au singulier en employant l'article et les prépositions *à* et *de*; dire ensuite si l'article est simple ou contracté, s'il y a élision. Ex : l'or, de l'or, à l'or (art. simple élidé), les ors, des ors, aux ors (pl. rég). Le pluriel devra suivre de la sorte pour tous les noms ci-dessous.

___

(1) L'*apostrophe* consiste en une petite virgule (') placée un peu au-dessus de la lettre supprimée. On emploie ce signe au lieu de la lettre, pour éviter le son désagréable occasionné par la rencontre de deux voyelles. On dit et on écrit : l'enfant, et non le enfant; l'âme, et non la âme.

Or; plume; héros; héroïne; hospice; hôte; autel; cathédrale; paroisse; rosier; ananas; agneau; brebis; bouc; bœuf; chèvre: feu; époux; fils: hasard; douleur; hameçon; cour; cours; eau; coursier; hanneton; homard; hommage; honneur; bière; pied; araignée; fatigue; combat; siècle; année; mois; jour; asperge; carotte; cerfeuil; chou; exemple; roi; écho; chapeau; enfant; puits; ruisseau; fossé; bois; forêt; ombrage; église; perdrix; orage; ange; vieillard; esprit; été; printemps, hiver; automne; lueur; renommée; mètre; phénix; corbeau; chien; chat; souris; moineau; écritoire; abîme; habit; haine; aurore; cœur; chœur; aliment; artisan; obstacle; revers; peau: pieu; tuyau; filou; caillou; essieu; orange; nez; oreille; courroie; os; chair; gaz; gant; désagrément; sou; villageois; velours, bruit; harpe; violon; houlette; hurlement; housse; houssine; héron; haricot; harde; haillon.

2º Séparer des noms ci-dessus tous ceux qui commencent par un *h* aspiré et les faire précéder simplement de *le* ou de *la*, selon le genre.

9me DEVOIR — 2me SÉRIE.

Avis. 1º Changer le singulier en pluriel, en maintenant les prépositions *à* et *de* avec l'article, et ajoutant deux adjectifs liés par la conjonction *et*.

Le maître; au sacrifice; du fils; à l'époux; au père; de la sœur; a l'oiseau; du canard; à l'eau; du vin; au cidre; de la bière; du logis; au discours; à l'adolescent; du château; au cou; le buisson; au clou; de l'ours; du rhinocéros; à l'éléphant; de la girafe; le caillou; au genou; du compas; au tapis; le tabac; de la brebis; au rideau; du hibou; de l'échec; au revers; l'île; l'étable; le hasard.

2º Changer le pluriel en singulier avec *à* et *de*, et ajouter deux adjectifs liés par la conjonction *et*.

Les juges; aux enfants; aux roses; les dents; des appas; des balais; aux choix; des soins; aux cors; aux corps; aux faulx; des charrues; des bureaux; aux industries; aux châssis; des substantifs; les avis; les couleurs; aux sièges; les chants; aux champs; les succès; des pas; aux troupeaux; des herbes.

3º En transcrivant le sujet ci-dessous, indiquer les noms qui sont accompagnés de l'article, et mettre à la suite, entre parenthèses, (art. simp.), ou bien (art. simp. élidé), ou bien (art. comp.)

Au neuvième siècle, la couronne impériale sortit de la maison de Charlemagne, après un siècle de possession. Lorsque le fils d'Arnould, Louis IV dit l'Enfant, fut reconnu roi de la Bavière et de la Lorraine, comprises sous le nom de Germanie, il fut déclaré en même temps successeur à l'empire ; mais, comme il ne fut pas couronné, la plupart des historiens ne mettent pas ce roi, ni ceux qui occupèrent le trône après lui, au nombre des empereurs d'Occident. Les princes qui possédèrent le sceptre impérial, pendant et après le règne d'Arnould, furent Gui, son fils Lambert, Bérenger, duc de Frioul, Louis dit l'Aveugle, fils de Boson. Quand celui-ci en fut dépouillé, Bérenger s'en ressaisit en 916, et en jouit jusqu'en 924, l'année de sa mort.

Après lui, l'empire resta vacant jusqu'en 962, l'Italie et la Germanie ayant eu des rois auxquels chaque nation donna le nom d'empereur, mais qui ne furent pas reconnus comme tels.

9ᵐᵉ DEVOIR. — 5ᵐᵉ SÉRIE.

SUJET. — LES PLANTES.

(1) La terre, quelque fertile qu'elle soit, ne pourrait, sans le secours d'une semence, (2) produire tout d'un coup la plus petite plante. Sans doute elle fournit la nourriture à tous les animaux ; mais elle ne pourrait jamais former des corps organisés. Il n'y a pas moins d'ordre et de dessein dans les plantes que dans les animaux : Ainsi, la chaleur de la terre peut bien faire éclore une plante, son suc peut la nourrir ; mais c'est tout, ils ne peuvent la former. (3) Car, si la terre, par son suc, produisait des plantes, il faudrait qu'elle eût toute la puissance du Créateur, pour faire naître tout d'un coup des racines, des canaux, des fibres propres à recevoir et à distribuer la sève, à la filtrer et à la proportionner à la délicatesse des vaisseaux où elles lui donnent entrée ; des trachées et des soupiraux pour recevoir et pour distribuer l'air et l'eau ; enfin toutes les autres parties de la plante, comme écorce, bois, moelle, bourgeons de branches, fleurs, fruits. (4) Il faudrait de plus

que le suc de la terre eût l'intelligence en partage pour se
diversifier en tant de parties différentes, et pour ne point se
tromper, en faisant venir sur une plante des boutons ou des
fruits d'une autre espèce. Autant vaudrait dire alors que la
terre a formé, d'elle-même, l'homme, la lune et le soleil.

(5) Il est donc nécessaire de recourir à l'action de l'Être
tout-puissant. Il est lui-même incompréhensible; mais,
sans lui, il n'y a rien d'intelligible. Son action une fois
supposée, on conçoit que tout a pu se faire. C'est lui seul
qui a pu former les éléments, dont tous les corps sont composés, et les conserver toujours les mêmes, quoique, par
leurs divers assemblages, ils forment des corps infiniment
variés. Ces éléments auraient beau se rapprocher, se mélan-
ger, il en résulterait des masses confuses ; il ne s'y trouverait ni organes, ni vie, ni âme. Qu'on suppose, en effet, la
terre nouvellement faite, elle demeurera toute nue et stérile,
si Dieu ne la revêt et ne la peuple. Lui seul a pu organiser
des corps, et vivifier des espèces organisées, telles que les
animaux et les plantes. (6) Le moindre pied d'oseille ou de
cerfeuil a été formé sur un plan particulier et par une volonté spéciale, tout comme le monde entier.

Avis. En transcrivant, on se conformera aux modèles suivants :
1° pour tous les noms communs — la terre (fém. sing.) les terres (plur.
rég.);

2° Pour tous les verbes : pourrait (pouvoir, pouvant, pu, je puis ou
je peux, je pus).

Questions. 1° D'où proviennent les plantes? 2° La terre peut-elle,
par elle-même, produire une plante? 3° Que ferait supposer cette faculté? 4° Quelle intelligence devrait avoir, pour cela, le suc de la terre?
5° A quelle action faut-il recourir pour concevoir l'admirable organisation des animaux et des plantes? 6° Chaque plante a-t-elle été formée
sur un plan particulier?

10ᵐᵉ LEÇON.

De l'adjectif.

1. L'*adjectif* est un mot qui, joint à un nom avec lequel
il s'accorde, en modifie la signification.

OBSERVATION IMPORTANTE.

1° *Bon, sensé, complet,* etc.; 2° *ce, cette, ces; mon, ton, notre,* etc.;
qui, que, lequel, etc.; *un, dix, cent, centième,* etc.; 3° *autre, maint,*

quelque, etc., joints à un nom, sont des adjectifs, puisqu'ils modifient la signification de ce nom. Mais ces différents adjectifs ne modifient pas le nom de la même manière ; car *bon, sensé, complet,* etc. modifient la signification du nom, en le qualifiant ; *ce, cette, ces,* (démonstratifs) ; *mon, ton, notre,* etc. (possessifs) ; *qui, que, lequel,* etc. (relatifs) ; *un, dix, cent, centième,* (numéraux), modifient la signification du nom, en le déterminant ; *autre, maint, quelque,* modifient la signification du nom d'une manière vague et indéterminée.

Pour ce motif, nous avons cru devoir distinguer ces adjectifs en TROIS CLASSES : 1° *qualificatifs ;* 2° *déterminatifs ;* 3° *indéfinis.*

C'est une innovation, nous devons en convenir ; mais peut-on logiquement mettre au nombre des adjectifs déterminatifs, ceux qui portent le nom d'indéfinis? D'autre part, peut-on regarder comme pronoms *autre, maint, quelque,* joints à un nom exprimé? Non ; car ce serait contraire à la définition du pronom.

La 1ʳᵉ classe comprendra donc les adjectifs *qualificatifs ;* la 2ᵐᵉ, les adjectifs *déterminatifs* (démonstratifs, possessifs, relatifs, numéraux); la 3ᵐᵉ, les adjectifs *indéfinis.*

II.   Iʳᵉ CLASSE. **Adjectifs qualificatifs,**

L'adjectif *qualificatif* marque la qualité qui convient au nom auquel il se rapporte; il indique quel il est. C'est dans ce dernier sens qu'il faut entendre le mot *qualité.* Ainsi, quand on dit : un homme *bon, mauvais, grand, petit, sincère, menteur,* les adjectifs *bon, mauvais, grand,* etc. indiquent sous quel rapport on doit envisager cet homme, quel est cet homme. On dira de même d'une femme qu'elle est *bonne, mauvaise, grande,* etc. en mettant l'adjectif au féminin.

III. La même remarque est applicable aux noms de choses : vent *froid, impétueux;* maison *grande, petite,* etc. Quel est ce vent? Il est *froid impétueux.* Quelle est cette maison? Elle est *grande, petite.*

IV. Un moyen mécanique pour reconnaître si un mot est adjectif, c'est de le faire suivre ou précéder du nom *personne* ou *chose : personne* savante, *chose* bonne.

V. L'adjectif n'a pas de genre par lui-même; il prend le même genre et le même nombre que le nom qu'il qualifie. S'il qualifie deux noms singuliers, il se met au pluriel. Si ces deux noms sont du même genre, il prend le même genre : le tigre et le léopard *cruels.* S'ils sont de genre différent, il s'accorde *de préférence* avec le nom masculin : le lion et la lionne *majestueux.* Nous expliquerons dans la syntaxe ce mot *de préférence.*

Formation du pluriel dans les adjectifs qualificatifs.

VI. Les adjectifs qualificatifs dont le singulier est terminé comme les noms dont il a été parlé dans la 8me leçon, suivent la même règle pour la formation du pluriel masculin : touffu fera touffus, comme vertu fait vertus; gris, roux, vermeil, beau, mortel, brillant, feront gris, roux, vermeils, beaux, mortels, brillants, comme rubis, époux, sommeils, oiseaux, ciels, instants. Il y a quelques exceptions, qu'on fera connaître en temps et lieu.

Le pluriel féminin est toujours formé en ajoutant la lettre s au singulier : grise, grises; rousse, rousses; vermeille, vermeilles, etc.

10me DEVOIR. — 1re SÉRIE.

Avis. 1° Faire précéder ou suivre (avec le pluriel), chacun des adjectifs ci-dessous, d'un nom commun masculin, auquel cet adjectif qualificatif soit applicable. Ex. : L'enfant vertueux, de l'enfant vertueux, à l'enfant vertueux, les enfants vertueux, des enfants vertueux, aux enfants vertueux.

Vertueux; adroit; fort; sage; noir; mûr; saint; ardent; impétueux; doux; sincère; vrai; bon; exact; pervers; méchant; pointu; brillant; habituel; épais; joli; gros; naturel; fier; dur; orgueilleux; gourmand; radieux; subtil; pieux; inquiet; paternel; généreux; querelleur; bas; sot; honnête; délicat; souple; léger; obéissant; lucratif; puissant; mou; actif; paresseux; menteur; mauvais; précieux; beau; soigneux; paisible; éloquent; vif; frileux; nouveau; ancien; réel; épars; faux; victorieux; malin; amusant; nocturne; sobre; indispensable; patient; studieux; ignorant; lourd; commode; chaud; enchanteur; touffu; frais; sain, vermeil; printanier; roux; désastreux; brun; rouge; blanc.

2° Parmi les mots qui forment les phrases suivantes se trouvent des noms, des articles et des adjectifs qualificatifs. En transcrivant ces phrases, désignez chacun de ces mots en mettant après lui, entre parenthèses, les mots (article), (nom commun), (adjectif qualificatif), selon l'espèce de mot.

1. On entend par histoire le récit des faits et des événements dignes de mémoire. — 2. L'histoire universelle est composée des histoires de tous les peuples. — 3, L'histoire sacrée ou sainte est l'Ancien et le Nouveau Testament. — 4. La profane est celle des peuples païens. — 5. L'histoire

ecclésiastique est celle du christianisme. — 6. L'histoire politique est celle des différents gouvernements politiques.

10ᵐᵉ DEVOIR. — 2ᵐᵉ SÉRIE.

Avis. 1º Indiquer la personne, le nombre, le temps, le mode de chacun des verbes contenus dans le trait précédent (au 9ᵐᵉ siècle etc., 9ᵐᵉ dev. 2ᵐᵉ sér.).

2º Indiquer les adjectifs qualificatifs et les noms auxquels ils se rapportent dans le trait suivant, au fur et à mesure qu'on le transcrira.

Bérenger II, roi d'Italie, s'était montré cruel et avare dans son gouvernement; et, comme son malheureux peuple ne pouvait plus supporter les atroces vengeances de ce tyran, Jean XII, souverain pontife, eut recours à Othon le-Grand, et le supplia de venir délivrer l'Italie, qui gémissait sous les violentes persécutions de Bérenger et d'Adalbert, son digne fils. Les légats du pape étaient chargés de lui offrir la couronne impériale et celle du roi de Lombardie, s'il voulait répondre aux justes désirs d'un peuple infortuné. Othon fut flatté d'une proposition si avantageuse. Après avoir disposé convenablement toutes choses, il passa en Italie à la tête d'une nombreuse armée.

3º Faire suivre chacun des noms ci-dessous de trois adjectifs pluriels soit masculins soit féminins, mais toujours en conformité avec la 10ᵐᵉ leçon.

Villes; villages; histoires; fables; monuments; volcans; clochers; cadres; tableaux; peintures; desseins; dessins; royaumes; nouvelles; fusils; canons; généraux; batailles; tonnerres; feux; incendies; victoires; succès; armées.

10ᵐᵉ DEVOIR. — 3ᵐᵉ SÉRIE.

SUJET. — FÉCONDITÉ DES PLANTES.

(1) Les plantes ont des germes sans nombre dans leurs racines, dans leur tige, dans toutes les plus petites branches, dans la plupart de leurs fleurs et dans toutes leurs semences. Un seul arbre, une seule branche, une seule graine suffit pour communiquer une espèce à toute la terre et à tous les siècles. Cette fécondité tient du prodige; et, si nous devons être touchés de l'excellence des présents que Dieu nous a faits, ne devons-nous pas l'être également de la profusion avec laquelle il les a faits? Il n'a pas seulement voulu que l'homme pût parvenir à avoir telle ou telle plante bien-

faisante; mais il a voulu et ordonné qu'il fût comme impossible qu'elles manquassent à l'homme, quelque accident qu'il pût jamais leur arriver. (2) Ces vérités sont dignes de notre admiration, de notre reconnaissance et de notre profond respect. (3) Elles nous étonnent, parce que nous sommes bornés ; mais il est bon de les entretenir, pour mieux sentir notre petitesse. Et où ne trouvons-nous pas l'occasion de la sentir? Ce n'est pas seulement dans ce nombre immense des germes d'une plante que notre imagination se confond : (4) une simple fleur, qu'on voit éclore le matin et se faner le soir, nous présente, même dans ses dehors sensibles, les traits d'une sagesse à laquelle nos yeux ni notre raison ne sont capables d'atteindre. (5) Dieu a voulu exprès nous accabler par cette espèce d'infinité qui se fait sentir partout, même dans les moindres créatures, afin d'assujettir nos esprits à l'infinité qui est dans son essence, dans ses attributs, dans sa providence, dans ses opérations, dans ses mystères.

Avis. 1° Indiquer tous les noms communs, tant singuliers que pluriels, en les faisant accompagner d'un adjectif qualificatif, dont le sens soit, autant que possible, en rapport avec celui de la phrase. On conservera les adjectifs qualificatifs qui se trouvent exprimés dans le sujet.

2° Faire une analyse des dix premières lignes, en relatant le nombre et le genre des noms et des adjectifs, quels qu'ils soient.

Questions. 1° En quoi consiste la fécondité des plantes? — Quel sentiment devons-nous éprouver à l'égard de Dieu à l'occasion de cette fécondité? 3° Comprenons-nous cette fécondité? 4° Que nous présente la vue d'une simple fleur? 5° Cette espèce d'infinité dont Dieu a marqué ses œuvres, ne nous parle-t-elle pas de Dieu?

11me LEÇON.

Formation du féminin dans les adjectifs qualificatifs.

I. La règle générale pour la formation du féminin dans les adjectifs qualificatifs consiste à ajouter un *e* muet à la terminaison du masculin : saint, saint*e*; sensé, sensé*e*; bleu, bleu*e* ; mûr, mûr*e*; loyal, loyal*e*; ras, ras*e* ; dévot, dévot*e*; musulman, musulman*e*; etc., etc. : Dieu saint, Vierge saint*e*; le fruit mûr, la pomme mûr*e*; le menton ras, la tête ras*e* ; etc.

II. Nous croyons devoir regarder comme soumises à cette règle générale plusieurs sortes d'adjectifs qualificatifs qui forment leur féminin par l'addition de l'*e* muet à la terminaison du masculin. Les grammairiens les rangent généralement dans la classe des exceptions. Ce sont : 1° les adjectifs dont le masculin singulier est terminé en *er*, comme *fier*, *altier*, *singulier*, etc., qui font au féminin fière, altière, singulière, etc.;

2° Certains adjectifs dont le masculin singulier est terminé en *et*, comme *complet*, *discret*, *inquiet*, etc., qui font au féminin complète, discrète, inquiète.

Remarque. Dans ces deux sortes d'adjectifs on met un *accent grave* sur l'avant-dernier *e*. On peut croire raisonnablement que la présence de cet accent est due à l'*euphonie* (douceur de son).

3° Les adjectifs dont le masculin singulier est terminé en *gu*, comme *aigu*, *ambigu*, *bégu*, *contigu*, *exigu*, etc., qui font au féminin aiguë, ambiguë, béguë, contiguë, exiguë, etc. L'*e* muet est surmonté d'un *tréma* (··) pour établir la distinction des deux syllabes, qui, sans cela, sembleraient n'en former qu'une seule, *gue*. Ainsi, ai-*gu-ë*, et non ai-*gue*; bé-*gu-ë* et non bé-*gue*; con-ti-*gu-ë* et non con-ti-*gue*.

4° Les adjectifs terminés au masculin singulier par *érieur*, comme *antérieur*, *supérieur*, etc., qui font au féminin antérieure, supérieure, etc.

De même *majeur*, *meilleur*, *mineur*, qui expriment une comparaison, font au féminin majeure, meilleure, mineure.

<h3 align="center">11me DEVOIR. — 1re SÉRIE.</h3>

Avis. 1° Mettre les adjectifs qualificatifs qui suivent au féminin, en leur adjoignant un nom féminin convenable, avec l'article et les prépositions *à* et *de ;* exprimer le singulier et le pluriel. Ex. : la nuit obscure, de la nuit obscure, à la nuit obscure, les nuits obscures, des nuits obscures, aux nuits obscures:

Obscur; innocent; gai; secret; majeur; niais; délicat; exact; vert; méchant; rusé; loyal; ardent; haut; clair; ambigu ; fort; chaud ; zélé ; charmant; argenté; poli; aimé; riant; exquis; inférieur; singulier; inquiet; royal; chagrin; emporté; hardi; froid; fleuri; sain; saint; noir; glacial; meilleur; cher; illuminé; pointu; certain; perverti; altier; intérieur; fécond; éloquent; princier; confus; puissant; vagabond; constant; supérieur; gris; passager; amer; profond; pervers; fatigué; brillant; discret; guerrier; mineur; vigilant; grossier; petit; ingrat; bleu; instruit; aigu; divin; assidu; contigu; escarpé; sourd; sûr;

criard; humain; dévot; exigu; savant; malotru; grand;
bavard; adroit; particulier; complet.

2° Indiquer, en recopiant les phrases suivantes, les adjectifs qualificatifs; faire connaître s'ils sont au singulier ou au pluriel, et désigner
les noms qu'ils qualifient.

1. La géographie est la description des différents pays
de la terre. — 2. La carte géographique est une feuille sur
laquelle est représentée quelque partie du globe terrestre.
— 3. Il y a des cartes générales et des cartes particulières. — 4. La carte topographique est utile pour la description d'un lieu particulier; la carte itinéraire indique
les routes et les diverses stations.

11me DEVOIR. — 2me SÉRIE.

Avis. 1° En transcrivant le sujet précédent (Bérenger II, etc. 10me
dev. 2me sér.), indiquer tous les adjectifs qualificatifs dont le féminin
n'est pas conforme à la règle générale; en faire connaître le masculin
et le féminin sing. et plur.

2° Ajouter à chacun des noms féminins qui suivent, quatre adjectifs
dont le féminin soit conforme à la règle générale. Ces adjectifs devront
qualifier convenablement les noms.

Les eaux; les chansons; les gazettes; les maisons; les
paroles; les murailles; les urnes; les forces; les lectures;
les mères; les promenades; les douleurs; les histoires; les
roses; les sciences; les perdrix; les alouettes; les batailles;
les flûtes; les victoires; les oranges; les trahisons; les
fleurs, les vérités; les leçons; les églises; les lumières; les
villes; les campagnes; les forêts; les mers; les montagnes,
les constructions; les promesses.

11me DEVOIR. — 3me SÉRIE.

SUJET. — LES RIVIÈRES.

Considérons une rivière dans ses divers accroissements.
Ce n'est d'abord qu'un petit filet d'eau qui découle de quelque colline sur un fond de sable et de glaise. Les moindres
cailloux, épars à l'aventure, suffisent pour l'embarrasser
dans sa route. Elle se détourne et se dégage en murmurant;
elle s'échappe enfin, se précipite et gagne la plaine. (1)
Grossie par la jonction de quelques autres faibles ruisseaux,
elle devient puissante contre les obstacles, et se renferme

dans le sillon qu'elle s'est elle-même tracé. La décharge des étangs voisins, la fonte des neiges souvent abondante, la chute des ravines et des courants de toute espèce, l'enrichissent et la fortifient. Elle prend un nom et un cours réglé. (2) De vertes prairies et une fraîcheur bienfaisante l'accompagnent partout; elle tourne autour des collines et serpente dans les riches plaines pour embellir un plus grand nombre de lieux. Après avoir fait l'ornement et la joie de la campagne, elle traverse les nombreuses villes que son canal a rendues florissantes; elle y coule majestueusement entre des bords ornés d'une élégante maçonnerie, entre deux files d'édifices somptueux qu'elle orne et qui l'embellissent réciproquement.

Le concours perpétuel d'un peuple actif, la circulation fréquente sur les larges ponts qui la traversent, la multitude innombrable de barques et de bateaux, dont elle est couverte, et l'agréable fracas qui règne partout sur ses eaux et le long des quais qui la bordent, présentent un spectacle animé et ravissant, en même temps qu'ils annoncent une ville opulente. (3) Le premier but du Créateur, en formant les sources et les rivières, a été, sans doute, de fournir aux hommes un des éléments les plus nécessaires à la vie, soit pour tenir leurs corps et leurs habitations dans la plus parfaite propreté, soit pour cuire les viandes et les légumes dont ils se nourrissent. (4) Mais n'a-t-il pas voulu aussi que les rivières fussent comme les grands chemins des vastes pays qu'elles traversent, ou comme des voitures publiques, toujours prêtes à partir et à porter le voyageur avec ses plus lourds fardeaux, partout où il lui plaît? Ne leur sommes-nous pas également redevables de la salubrité de nos demeures? On sait combien un courant d'eau est propre à rafraîchir l'air de tous les environs, en y répandant de douces rosées. N'est-ce pas communément le voisinage des rivières qui rend les terres fécondes, et souvent même luxuriantes, quand elles y déposent leur limon ?

Avis. 1º En transcrivant, s'arrêter sur tous les adjectifs qualifiant un nom; donner le genre et le nombre. Dire si l'adjectif forme régulièrement le fém. et le plur.

2º Désigner aussi tous les verbes neutres avec la personne, le nombre, le temps et le mode. S'ils ont un complément indirect, mettre à la suite ce complément.

QUESTIONS. 1° Comment une rivière parvient-elle à toute sa grandeur? 2° En quoi consiste son utilité (a) pour les campagnes, (b) pour les villes, (c) pour les transports? 3° Les rivières sont-elles utiles à l'homme? 4° Le Créateur a-t-il eu un but particulier dans la formation des rivières?

12ᵐᵉ LEÇON.

Formation irrégulière du féminin dans quelques adjectifs qualificatifs.

NOTA. Il y a de nombreuses exceptions à la règle générale expliquée dans la 11ᵐᵉ leçon. Nous nous bornerons ici aux moins irrégulières, réservant les autres explications pour la grammaire complète.

EXCEPTIONS.

I. Tout adjectif terminé au masculin par un *e* muet, n'en reçoit pas un second au féminin. Ainsi, *utile, fidèle, sage,* etc. ont le féminin semblable au masculin : le livre *utile,* la piété *utile,* le soldat *fidèle,* la troupe *fidèle,* etc.

II. Les adjectifs dont le masculin se termine par *el, eil, ien, on,* ajoutent l'*e* muet pour former leur féminin, mais en redoublant la consonne finale. Ainsi, *naturel* fait naturel*le* au féminin ; *vermeil* fait vermeil*le*; *chrétien* fait chrétie*nne*; *bon* fait bo*nne*, etc.

III. Plusieurs adjectifs en *et* forment aussi leur féminin par l'addition de l'*e* muet avec le redoublement de la consonne finale. Ainsi, *muet, violet,* etc. font mue*tte*, viole*tte*, etc. Nous avons déjà parlé de *complet, discret,* etc., qui font complè*te,* discrè*te,* etc., sans redoublement de la consonne.

IV. Les adjectifs suivants doublent aussi la consonne finale avant l'*e* muet, pour former leur féminin. Ce sont : *bas, las, gras, gros, épais, exprès, gentil, nul, paysan, profès, sot, bellot, vieillot,* qui font au féminin : bas*se*, las*se*, gras*se*, gros*se*, épais*se*, expres*se*, genti*lle*, nu*lle*, paysa*nne*, profes*se*, so*tte*, bello*tte*, vieillo*tte*.

NOTA. On a vu dans l'exposé de la règle générale que tous les adjectifs qualificatifs en *as, ot, an* ne redoublent pas la consonne finale, mais qu'ils font leur féminin par la seule addition de l'*e* muet ; *bas, las, gras, paysan, sot, bellot, vieillot,* sont donc les seuls exceptés pour cette terminaison.

V. *Beau, nouveau, fou, mou, vieux,* faisant *bel, nouvel, fol, mol, vieil* devant un nom masculin singulier qui commence par une voyelle ou par un *h* muet, prennent un *e* muet au féminin, en redoublant la consonne finale. Ainsi on dit au masculin : *bel* enfant, *nouvel* an, etc., et au féminin *belle* enfant, *nouvelle* année. *Jumeau,* pris comme adjectif, a aussi, et vraisemblablement par la raison exposée ci-dessus, pour féminin jume*lle* : son frère jumeau, sa sœur jume*lle.*

On disait autrefois jumel, au masculin.

Formation du pluriel dans les adjectifs qualificatifs.

RÈGLE GÉNÉRALE. Dans les adjectifs qualificatifs, comme dans les noms réguliers, on forme le pluriel tant masculin que féminin, en ajoutant un *s* au singulier : saint, saint*s*; sainte, saintes ; vrai, vrais; vraie, vraies, etc.

EXCEPTIONS.

Elles suivent assez généralement la même marche que les noms.

I. Les adjectifs terminés au singulier masculin par *s* ou *x* n'ajoutent pas *s* pour former le pluriel masculin : *gros, exquis, précieux, glorieux,* etc., restent les mêmes au pluriel.

NOTA. Les féminins restent dans la formation générale pour leur pluriel : grosse, grosses ; exquise, exquises ; précieuse, précieuses, etc.

II. Les adjectifs *beau, jumeau, nouveau,* prennent *x* au pluriel masculin : beau*x*, nouveau*x*, jumeau*x*, etc.

III. Presque tous les adjectifs dont le singulier masculin est en *al,* comme principa*l,* éga*l,* etc., changent au pluriel masculin *al* en *aux* : principa*ux,* éga*ux,* etc.

12me DEVOIR. — 1re SÉRIE.

Avis. 1º Agir, à l'égard des adjectifs suivants, de la même manière que pour ceux du devoir précédent. (1º de *l'avis,* 11e *devoir*).

Cruel; ancien; réel; paysan; mou; gros; nouveau; criminel; gros, gentil; quotidien; jumeau; aride; solennel; riche; actuel; pareil; bas; sot; humble; nul, vermeil; brave; mitoyen; épais; sujet; annuel; ancien; perpétuel; rapide; constitutionnel; vieillot; incommensurable; muet; tendre; officiel; charitable; bon; prodigue; sobre; annuel; rebelle; mi-

litaire; mignon; originel; originaire; pitoyable; visible;
universel; terrestre; temporel; tenace; compacte; beau ; fou;
européen; tel; violet; las; croyable; fluet; net; aérien; innombrable; malade; partiel; immense; redoutable.

2° Recopier les adjectifs du 1°, et les mettre au pluriel masculin.

3° En transcrivant les phrases suivantes, s'arrêter sur les noms
communs et les noms propres, et dire pourquoi ils sont communs
ou propres.

1. Dieu a créé le ciel et la terre. — 2. Le ciel est cet
espace immense dans lequel les astres accomplissent leurs
révolutions. — 3. La terre est ce grand globe composé de
terre et d'eau, qu'on appelle globe terrestre; elle a la forme
d'une boule. — 4. On divise la terre en cinq parties principales qui sont : l'Europe, l'Asie, l'Afrique, l'Amérique et
l'Océanie.

12me DEVOIR. — 2me SÉRIE.

Avis. 1° Changer le masc. en fém. avec l'article et un nom fém.
convenable.

Grand ; petit : savant; mûr ; saint; ras ; adroit; fier; sûr ;
discret; gentil; replet; soumis; bavard; délicat; aimé;
obtus ; niais; pervers; zélé; exquis; méchant; espagnol;
sensé ; joli; brut; gai; obscur; brillant; singulier; aigu ;
inférieur; complet; poli; contigu; assidu; particulier;
mineur; vaillant; exact ; divin ; sourd; rusé; exagéré ;
vieux ; indulgent; léger; bruyant; lourd; patient; indis-
cret; meilleur; voisin; intérieur ; altier; prêt; agréable;
lâche; naturel; paysan; bas; concitoyen; mobile; quotidien; nouveau; épais; mou; exprès; fou; violet; tel;
jumeau; muet; nul; vermeil; cruel; bon; ancien; magnifique; annuel; brave; chrétien; gros; bellot; féroce; fixe ;
criminel; opiniâtre; impie ; païen ; comédien; solennel; avare; éternel; célèbre ; fripon; sot; malade; net;
maternel; bouffon ; européen ; beau; volage; flexible;
magnifique; fanfaron; bizarre; sale; bleuâtre; limpide;
prodigue; exigu ; simple.

2° Faire précéder chacun de ces adjectifs de deux noms mis au singulier, unis par la conjonction et; ces deux noms pourront être du
même genre ou d'un genre différent. (*Pour le nombre et le genre de
l'adjectif, voir l'article V de la* 10me *leçon*).

12ᵐᵉ DEVOIR. — 5ᵐᵉ SÉRIE.

SUJET. — LES MONTAGNES.

On sait qu'il y a une perpétuelle circulation d'eau entre la terre et la mer immense qui l'environne. (1) L'eau de la mer s'élève en vapeurs légères, et retombe en neige et en pluie, ou sur les montagnes ou sur les plaines. (2) Celles qui tombent sur les montagnes y trouvent des bassins, d'où elles s'épanchent, douces et limpides, et vont dans un cours plus ou moins rapide, se rendre à la mer par la partie supérieure de la terre, après avoir arrosé les vallées et les plaines. Celles qui tombent sur les plaines et qui les pénètrent, s'en vont, par la partie inférieure de la terre, à la mer, rendez-vous commun de toutes les eaux. C'est donc un grand et admirable service que les montagnes nous rendent; car l'eau qui tombe dans les plaines, s'en écoule et s'en évapore bien vite, tandis que les montagnes fournissent aux plaines un arrosement durable.

Lorsque, au lieu d'enfermer la vaste mer dans les entrailles de la terre, Dieu jugea à propos de la tenir à découvert, et qu'il permit au soleil et aux vents d'en élever dans l'air un autre océan de vapeurs douces et bienfaisantes, il éleva en même temps de grandes et imposantes masses de terre et de rochers, masses souvent informes et effrayantes, qui semblent défigurer notre globe, sans lui apporter le plus léger avantage. (5) Mais le Créateur les avait destinées à une œuvre de la plus haute importance. Ce sont, en effet, les montagnes qui travaillent partout, au cœur des continents et des îles, à réunir, avec une persévérance constante, et pour tous les jours, la quantité d'eau nécessaire pour former ces courants innombrables, qui sont comme les liens précieux de la société, et pour fournir une fraîcheur indispensable aux poissons, aux oiseaux, aux plantes et aux animaux terrestres. Prenons un exemple qui puisse rendre la chose frappante, et faire comprendre tout ce qu'il y a de sage et de charitable dans le plan du souverain Maître. On ne trouverait, certes, aucune liaison apparente entre la mer qui borne la France dans sa partie occidentale, et les rochers affreux des Cévennes, des Vosges et des Alpes, qui la bornent dans sa partie orientale. Ce sont cependant ces rochers et l'Océan qui concourent, comme par une savante intelligence, à ne pas laisser cette belle et importante contrée manquer d'un des éléments les plus nécessaires à la vie. (4) C'est au sommet et dans la partie intérieure de ces montagnes, que le Seigneur a établi ces réservoirs immenses et inépuisables, dont les eaux, coulant d'étage en étage, vont répandre la fraîcheur, animer la verdure, et donner à la terre ses gentilles parures et son incalculable fécondité.

Avis. Indiquer 1º tons les adjectifs qui forment irrégulièrement leur féminin (fém. irrég.)

2º Tous les verbes pronominaux, en faisant connaître la personne, le nombre, le temps, le mode, et mettant à la suite les temps primitifs.

Questions. 1º D'où vient cette perpétuelle circulation d'eau entre la mer et la terre ? 2º Les eaux de neige et de pluie, qui tombent sur les plaines, se rendent-elles à la mer de la même manière que celles qui, tombées sur les montagnes, en sortent pour former les fontaines et les rivières ? 3º A quoi le Créateur a-t-il destiné les montagnes en ce qui concerne les eaux ? 4º Les montagnes renferment-elles des réservoirs d'eaux ? 5º Quel sentiment devons-nous éprouver à l'égard de Dieu ?

15ᵐᵉ LEÇON.

2ᵐᵉ CLASSE. **Adjectifs déterminatifs**.

I. On entend par adjectif déterminatif celui qui, accompagnant un nom, en détermine la signification, en y ajoutant une idée particulière, telle que d'indication ou démonstration, de possession, de relation, et de nombre. De là quatre sortes d'adjectifs déterminatifs : l'*indicatif* ou *démonstratif*; le *possessif*; le *relatif*; le *numéral*.

Nota. Les trois premiers s'accordent, comme les adjectifs qualificatifs, en genre et en nombre, avec le nom dont ils déterminent la signification, et ils doivent toujours accompagner un nom. L'adjectif numéral prend toujours l'accord quand il est ordinal.
Parmi les cardinaux, *un* prend l'accord du genre, et *vingt*, *cent*, prennent quelquefois celui du nombre : trois *cents* hommes, quatre-*vingts* arbres.

Adjectif déterminatif indicatif.

II. L'adjectif indicatif détermine la signification du nom, y ajoutant une idée d'indication.
Cet adjectif est *ce* pour le singulier masculin : *ce* château;

cette, pour le singulier féminin : *cette* maison ; *ces* pour le pluriel des deux genres : *ces* châteaux, *ces* maisons.

Remarque. On remplace *ce* par *cet* devant un nom et un adjectif mis au singulier masculin, et commençant par une voyelle ou par un *h* muet : *cet* enfant, *cet* homme et non *ce* enfant, *ce* homme ; *cet* aimable séjour, *cet* horrible aspect, et non *ce* aimable séjour, *ce* horrible aspect. La lettre *t* est ici ajoutée par *euphonie*, c'est-à-dire , pour rendre la prononciation douce et coulante.

Toutefois ce changement n'a pas lieu dans un certain nombre de mots employés comme noms, et commençant par une voyelle, tels que *onze, onzième, un, oui*. On dira donc : *ce* onze, *ce* onzième jour, *ce* un , *ce* oui ; et non *cet* onze, *cet* onzième jour , *cet* un , *cet* oui.

13me DEVOIR. — 1re SÉRIE.

Avis. 1° Changer l'article en adjectif déterminatif, en faisant subir à ce dernier les modifications du premier. Ex. : l'aigle, cet aigle ; au poisson, à ce poisson ; etc.

L'aigle ; au poisson ; de la honte ; le vieillard ; au cerf ; à l'ouvrier ; de l'humanité ; au hasard ; de l'hectare ; à l'agneau ; du tapis ; à l'enjeu ; du caillou ; le cheveu ; du chevreau ; à la brebis ; de l'éclair ; au héros ; à l'héroïne ; de la croix ; au chou ; du bois ; le taureau ; la génisse ; du veau ; au réglement ; du hameau ; du fil ; au fils ; au physicien ; la hutte ; de l'humeur ; au hibou ; le fauteuil ; l'hymne ; au Lynx ; du mois ; à l'huile ; au pays ; de la patrie ; du roi ; à la pyramide ; du phénix ; à l'oisiveté ; de l'hôte ; de l'hôtesse ; la hotte ; le châtiment ; du hochet ; l'estimable ami ; à l'important avis ; de la haute considération ; l'éternel bonheur ; de l'infini ravissement ; l'érudit auteur ; au savant astronome.

2° Rendre tous les singuliers ci-dessus, par le pluriel, avec le même changement de l'article. Ex. : les aigles, ces aigles ; aux poissons, à ces poissons ; etc.

3° En recopiant les phrases suivantes, faire remarquer les adjectifs déterminatifs indicatifs qui s'y trouvent, et les noms dont ils déterminent la signification.

1. Dans toutes ces cartes géographiques on doit considérer les points cardinaux. — 2. Ces points cardinaux sont au nombre de quatre ; le Levant, le Couchant, le Nord et le Midi. — 3. Ces quatre points ont reçu ces noms, pour désigner cette situation relative que les différents pays de la terre occupent les uns par rapport aux autres.

13ᵐᵉ DEVOIR. — 2ᵐᵉ SÉRIE.

Avis. 1° Désigner, entre parenthèses, chacun des adjectifs dét. indicatifs et possessifs que renferment les sujets des 9ᵉ et 10ᵐᵉ devoirs, 2ᵐᵉ série : (au neuvième siècle etc.; Berenger II, etc.) en donnant le genre et le nombre de ces adjectifs et des noms dont ils déterminent la signification. (Ces deux sujets seront transcrits.)

2° Remplacer l'article par l'adjectif dét. indicatif dans les mots suivants.

Le savant et l'important ouvrage; l'étoile et le soleil brillants; l'hommage et l'adoration des rois Mages; les bergers et les rois Mages obéissants à la voix de Dieu; l'inestimable et précieux cadeau fait à l'ami; la haute et verte colline de la contrée; l'immense bassin formé par la mer; l'humble et modeste langage du savant.

13ᵐᵉ DEVOIR. — 3ᵐᵉ SÉRIE.

SUJET. — LES MONTAGNES. (SUITE).

N'oublions jamais cette vérité, que la terre entière est l'ouvrage simple d'une même intelligence, et (1) que le bien de l'homme est la fin de cette création. Dieu s'y est montré on ne peut plus libéral envers l'homme; et ces libéralités sont continuelles, magnifiques et inépuisables. Comment se fait-il donc que cet homme se montre si peu reconnaissant à l'égard de cet Être si généreux et si bienfaisant?

Nous avons facilement compris combien sont grands ces avantages qui proviennent de ces masses énormes dont se trouve hérissé ce globe que nous habitons. Ces sources que ces montagnes distillent, n'ont pas été destinées seulement à fournir à l'homme les eaux qui lui sont nécessaires; mais elles sont le principe de ces grands courants d'eau qui apportent des richesses incalculables à toutes ces contrées qu'ils arrosent.

A cet inestimable et premier avantage des montagnes viennent s'en joindre deux autres qui, sans être aussi importants, doivent néanmoins exciter notre admiration et notre reconnaissance envers cet Être souverain auquel nous les devons. Qu'est-ce qui fournit une retraite à cette multitude d'animaux dont nous faisons un si grand usage? Ce sont ces mêmes montagnes. (2) Elles nourrissent, sans aucun soin de notre part, ces ours, ces loups-cerviers, ces hermines, ces martres, ces renards de différentes couleurs, et tant d'autres animaux de la peau desquels nous faisons ces fourrures si utiles et si précieuses. Où se nourrissent ces rennes, espèce de cerfs, qui sont d'une utilité infinie dans les pays froids, surtout en Laponie? C'est encore dans les montagnes. Celles qui sont avancées vers le soleil, nourrissent les buffles, qu'on fait travailler à la charrue dans ces contrées; ces chamois, grandes chèvres sauvages, qui s'élancent, comme des oiseaux, d'une roche à l'autre, et dont la peau est admirable pour faire ces habits, ces bas et ces gants si souples et d'une si longue durée.

Ce ne sont pas seulement les chasseurs qui gravissent les montagnes pour y poursuivre leur proie à travers ces ravins et ces rochers qu'on y rencontre si fréquemment. Voyez aussi cette multitude d'herboristes qui viennent y chercher ces plantes bienfaisantes qui ne se trouvent que là, ou qui sont d'une qualité plus agissante que celles que nous cultivons dans nos jardins. On trouve, en effet, sur ces monts escarpés, dans ces lieux incultes et qui semblent stériles, un bon nombre de ces herbes qu'on cultive dans les jardins. (5) Communément elles ont plus de parfum dans ces terrains arides, et le grand air en perfectionne mieux les qualités.

Avis. 1° Annoter tous les adjectifs déterminatifs indicatifs, en les faisant suivre du nom qu'ils accompagnent. On donnera le singulier et le pluriel de l'adjectif et du nom.

2° Dire pourquoi *cet* remplace *ce* devant certains noms ou certains adjectifs qui se trouvent dans le cours du sujet.

3° Annoter tous les adjectifs qualificatifs contenus dans le même sujet, et se rapportant aux exceptions de la 12me leçon, concernant le féminin. On en donnera, entre parenthèses, le masculin et le féminin singuliers, le masculin et le féminin pluriels.

· Questions. 1° Pour quelle fin Dieu a-t-il créé le monde, les animaux etc.? 2° L'homme ne retire-t-il pas de grands avantages des animaux qui se nourrissent sur les montagnes? 3° En quoi les plantes qui viennent sur les montagnes, sont-elles préférables à celles qu'on cultive dans les jardins?

<hr>

14ᵐᵉ LEÇON.

Adjectif déterminatif possessif.

I. L'adjectif possessif détermine la signification du nom, en y ajoutant une idée de possession.

II. Les adjectifs appartenant à cette classe sont :

1° *Mon, ton, son,* pour le singulier masculin : *mon* devoir, *ton* livre, *son* chapeau; *ma, ta, sa,* pour le singulier féminin : *ma* mère, *ta* sœur, *sa* tante; *mes, tes, ses,* pour le pluriel des deux genres : *mes* devoirs, *mes* leçons, *tes* frères, *tes* sœurs ; *ses* jardins, *ses* maisons.

2° *Notre, votre, leur,* pour le singulier des deux genres : *notre, votre, leur* livre; *notre, votre, leur* plume; *nos, vos, leurs,* pour le pluriel des deux genres; *nos, vos, leurs* livres; *nos, vos, leurs* plumes.

REMARQUE. On emploie, par euphonie, *mon, ton, son,* au lieu de *ma, ta, sa,* quand l'adjectif possessif précède un nom ou un adjectif féminin, commençant par une voyelle ou un *h* muet : *mon, ton, son* ardeur, au lieu de *ma, ta, sa* ardeur ; *mon, ton, son* ardente charité, au lieu de *ma, ta, sa* ardente charité ; *mon, ton, son* habitation, au lieu de *ma, ta, sa* habitation ; *mon, ton, son* héroïque défense, au lieu de *ma, ta, sa* héroïque défense.

14ᵐᵉ DEVOIR. — 1ʳᵉ SÉRIE.

Avis. 1° Changer l'article en adjectif déterminatif possessif. Ex. : la maison, — ma, ta, sa, notre, votre, leur maison ; de l'amitié, — de mon, ton, son, notre, votre, leur amitié. etc.

La maison; de l'amitié; au hangard; du roi; de la reine; au moineau; à la société; l'aventure; du troupeau; au jeu; à l'écrit; au vaisseau; du matelot; à la peinture; à l'ouvrier; l'yole; du repas; au hérisson; du tapis; le cours; au hableur; de l'humilité; au tonneau; du haras; à la voie; à la voix; à la hauteur; à l'auteur; de l'enfant; de l'enfance; au neveu; à l'orgueil; de l'humeur; à l'amorce; de l'aiguille; à l'allée; de l'envie; à la jalousie; de l'enjouement; l'habitation; à l'affreuse agonie; de l'orgueilleuse raison; au redoutable parleur; l'humaine faiblesse; de la discordante voix; à l'immense joie; de l'étonnante victoire.

2° Changer tous ces singuliers en pluriel, en suivant la même marche.

14ᵐᵉ DEVOIR. — 2ᵐᵉ SÉRIE.

Avis. 1º Remplacer le tiret par un adjectif dét. possessif qui soit dans le sens da la phrase; faire accorder l'adjectif qualificatif qui se trouve entre parenthèses.

1. *L'avare* fait — dieu de — or. — 2. — coffre-fort est tout à la fois pour *l'avare*, et — ciel et — enfer. — 3. Quelque (ancien) que soit — famille, quelque (grand) que soit — *richesse*, quelque (élevé) que soit — *dignité, pense* que les hommes sont — semblables. — 4. *L'homme* sincèrement (chrétien) doit toujours chercher à subjuguer — passion (dominant), à vaincre — désirs (injuste), et à supporter avec courage — disgrâces les plus (cruel). — 5. *je te regarde* comme — Mentor, comme — guide; *j'écouterai* — (sage) conseils, *je me soumettrai* toujours à — *décision* (quel) qu'elle soit. — 6. *Tu seras récompensé* de — (bon) œuvres au jour où Jésus-Christ viendra, au milieu de — anges, pour juger (tout) — créatures. — 7. *Choisis* pour — *ami l'homme* que tu connais le plus vertueux; ne *résiste* pas à la douceur de — conseils, et à la force si (puissant) de — exemples. — 8. Cher ami, *j'ai vu* — troupeaux (errant) en paix dans — prairies (émaillé) de fleurs; — brebis caressant — (tendre) agneaux; — chèvres (léger) grimpant avec — agilité (habituel) sur les roches (escarpé); à ce spectacle, *j'ai senti.* — cœur plein d'une joie si (grand), que *j'ai envié* — bonheur.

2º Mettre au pluriel les mots qui sont en italiques dans les phrases ci-dessus, et en maintenir le sens pour l'emploi des adjectifs dét. possessifs et les verbes qui suivent.

3º En recopiant, indiquer tous les sujets de chaque proposition. Ex. : 1. L'avare, suj. du verbe fait. — 2. Coffre-fort, suj. du verbe est. — 3. Famille, suj. du verbe soit etc.; agir de même pour les sujets des phrases qui suivent.

Le devoir comportera donc trois copies.

14ᵐᵉ DEVOIR. — 3ᵐᵉ SÉRIE.

SUJET. LA MER.

C'est une vaste étendue d'eau salée qui environne la terre. Ses eaux s'évaporent, et les évaporations qui s'exhalent de sa surface, vont former dans les entrailles de la terre nos châteaux d'eau ou nos réservoirs communs, que notre souverain Maître a destinés pour nos besoins et pour ceux de nos animaux et de nos plantes. La mer nourrit aussi dans son sein une multitude de poissons, dont les uns servent à notre nourriture, et les autres à quelques-unes des exigences de notre nature terrestre. La baleine et d'autres poissons fournissent leur huile et leur colle, dont le commerce fait son usage et ses bénéfices.

(1) Tous les jours l'eau de l'Océan est entraînée, durant six heures, du Sud au Nord, et s'élève tantôt plus tantôt moins sur ses rivages : c'est ce qu'on appelle le flux. La mer est alors à sa haute marée. Elle reste environ un quart d'heure à sa plus grande hauteur, après quoi elle se retire, et continue, six heures durant, à s'abaisser (2). Ce retour du Nord au Sud et de nos côtes, vers la haute mer, est ce qu'on appelle le reflux. L'eau demeure un quart d'heure dans son plus grand abaissement, et alors le flux recommence vers nos terres, après que la mer a subi sa basse marée.

Ces marées apportent aussi leurs avantages au bien-être humain; et le Créateur, dans son infinie sagesse, a imprimé à son œuvre un cachet visible de sa continuelle sollicitude pour sa créature privilégiée.

(3) Le premier avantage que nous procurent les grandes marées, c'est de repousser l'eau de nos fleuves, de les faire remonter bien avant dans nos terres, et d'en rendre le lit assez profond, pour qu'ils puissent ramener jusqu'au portes de nos grandes villes, les énormes charges de marchandises étrangères, dont le transport leur serait moins facile et plus coûteux sans ce secours. Un autre avantage que notre Dieu a eu en vue dans ce perpétuel balancement des eaux, a été d'empêcher qu'elles ne vinssent à croupir et à s'infecter en séjournant toujours dans leur même lit. Mais, pour entretenir efficacement la mer dans sa pureté, son flux et son reflux y dispersent tous les jours, d'un bout à l'autre de son étendue, le sel dont elle est pleine, et qui, sans cela, se précipiterait promptement au fond de ses abîmes. (4) Si l'eau, qui baigne nos côtes, venait à perdre sa salure, elle nous infecterait par une puanteur insupportable, et ne pourrait plus nourrir ces poissons qui paraissent si avantageusement sur nos tables.

La même main qui a fait les poissons, a préparé, dès

leur création, l'eau indispensable à leur existence. Qui n'admirait ici la fécondité des vues de Dieu dans tous ses ouvrages? L'homme ne peut se passer de sel, attendu qu'il en use pour toutes ses nourritures. C'est pourquoi celui qui a mis les hommes sur la terre, a voulu, dans son infinie sagesse, que la mer charriât le sel tout autour de leurs habitations, afin qu'ils trouvassent sans peine un des éléments dont ils peuvent le moins se passer. (5) Qu'on est donc injuste et ingrat, quand, au lieu de rapporter à sa sagesse et à son amour pour sa créature, des effets qui embrassent toute la terre et la société entière, on les attribue à une espèce de hasard !

Avis. 1º Agir pour les adjectifs dét. possessifs de la même manière que pour les adjectifs dét. indicatifs (1º *de l'avis*, 13ᵐᵉ *devoir*, 3ᵐᵉ *sér*.).

2º Se conformer au 2º du même avis pour le remplacement de *ma, ta, sa*, par *mon, ton, son*.

3º Annoter les adjectifs qualificatifs, contenus dans le sujet du 14ᵐᵉ devoir, comme il est dit au 3º de l'avis, 13ᵐᵉ devoir, 3ᵐᵉ sér.

Questions. 1º Qu'entendez-vous par le flux de la mer ? 2º Par le reflux ? 3º A quoi ce flux et ce reflux sont-ils utiles ? 4º Dans quelles vues Dieu a-t-il, dès le commencement, rendu salées les eaux de la mer ? 5º Que doit-on penser de ceux qui méconnaissent un si grand bienfait?

15ᵐᵉ LEÇON.

Adjectif déterminatif relatif.

I. Cet adjectif s'appelle *relatif* ou *conjonctif*, parce qu'il a toujours rapport à un nom exprimé qui le précède, et qu'on appelle *antécédent*. Dans cette phrase : L'homme *qui* pratique la vertu, est ami de Dieu, l'adjectif dét. relatif *qui* est en rapport avec le nom qui le précède ; c'est *l'homme*, son antécédent, avec lequel il s'accorde en genre et en nombre.

II. Ces adjectifs sont : 1º *qui, que, dont*, des deux genres et des deux nombres : le roi *qui* est aimé de ses sujets ; *que* ses sujets aiment ; *dont* on loue la sagesse (pour le sing. masc.). La reine *qui* est chérie de ses sujets ; *que* ses sujets chérissent, *dont* on loue les vertus (pour le sing. fém.). Le roi et la reine *qui* sont chéris de leurs sujets, *que* leurs sujets chérissent, *dont* on loue l'esprit patriotique (pour le plur. des deux genres).

2° Lequel, duquel, auquel, pour le sing. masc.; *laquelle, de laquelle, à laquelle,* pour le sing. fem.; *lesquels, desquels, auxquels,* pour le plur. masc.; *lesquelles, desquelles, auxquelles,* pour le plur. fém.

REMARQUE. On ne doit pas confondre le *que,* adjectif dét. relatif avec le *que,* conjonction. Le premier peut toujours se tourner par *lequel, laquelle, lesquels, lesquelles,* etc.; le second, jamais : le roi *que* j'ai vu, *lequel* j'ai vu; le roi et la reine *que* j'ai vus, *lesquels* j'ai vus; l'histoire *que* j'ai lue, *laquelle* j'ai lue, etc. Le *que* répond ici évidemment à *lequel, lesquels, laquelle.* Mais on ne pourrait de même remplacer le *que* dans les phrases suivantes : vous pensez *que* j'ai vu le roi; *que* j'ai vu le roi et la reine; *que* j'ai lu l'histoire. Vous pensez *lequel, lesquels, laquelle* serait absurde. Le *que* n'est donc pas ici l'adjectif relatif, mais bien la conjonction.

<h3 align="center">15me DEVOIR. — 1re SÉRIE.</h3>

AVIS. 1° Désigner les antécédents des adjectifs dét. relatifs contenus dans les phrases suivantes et indiqués par des lettres italiques; en dire le genre et le nombre. Ex. : le cheval qui courait, a renversé l'obstacle, qui lui était opposé. *Cheval,* antécédent de *qui* (lequel) sing. masc.; *obstacle,* antécédent de *qui* (lequel) sing. masc., etc.

1. Le cheval *qui* courait, a renversé l'obstacle, *qui* lui était opposé. — 2. Le renard *qui* a faim, — 3. Le vice *qui* nuit à l'homme. — 4. La vertu *qui* fait le bonheur de l'enfant. — 5. Secourons le malheureux *qui* souffre. — 6. Le capitaine *dont* on a vanté les exploits, est celui *que* vous connaissez. — 7. La maison *que* nous vendrons, sera achetée par un homme *qui* est très-riche. — 8. Nous devons croire une vérité *que* l'Église nous enseigne. — 9. J'admire l'écolier *qui* est laborieux, et *qui* est modeste dans ses succès. — 10. Votre frère, *qui* commence à grandir, profitera des bons exemples *que* vos parents lui donnent. — 11. La flatterie est un venin sucré *dont* on empoisonne le prince, s'il aime mieux le mensonge *qui* le flatte, que la vérité *qui* le blesse. — 12. Donnons à manger à l'homme *qui* a faim et à boire à celui *qui* a soif.

2° Mettre au pluriel les antécédents qui, dans les phrases du 1°, sont au singulier, et remplacer *qui, que, dont,* etc. par *lesquels, lesquelles, desquels, desquelles,* etc. Ex. : *les chevaux lesquels* couraient, ont renversé *les obstacles, lesquels* leur étaient opposés.

15ᵐᵉ DEVOIR. — 2ᵐᵉ SÉRIE.

Avis. Donner pour antécédent à l'adjectif dét. relatif exprimé dans chaque phrase, le nom qui suit le verbe et qui est sous sa dépendance. Ex. : j'ai vu le roi ; (tournez) le roi que j'ai vu. Je me suis entretenu avec le roi , (tournez) le roi avec qui je me suis entretenu.

1° Employer d'abord les adjectifs qui, que, dont, et non lequel, laquelle, duquel, etc.

1. J'ai vu le roi. — 2. Je me suis entretenu avec le roi. — 3. J'ai admiré votre ouvrage. — 4. Je lirai vos livres. — 5. J'irai chasser avec mon frère. — 6. Je visiterai votre propriété. — 7. Je vous parlerai de cette affaire. — 8. J'aurais voulu voir ce vaisseau. — 9. Nous travaillerons avec notre maître. — 10. Nous admirons les œuvres de Dieu. — 11. Ce général a vaincu les ennemis de la patrie. — 12. Nous devons avoir du respect pour nos parents. — 13. Nous devons écouter les ministres de Dieu. — 14. Il faut toujours accomplir la loi divine. — 15. L'impie outrage le Dieu vivant.

2° Employer ici lequel, laquelle, duquel, etc. et non qui, que, dont; mais la tournure est la même. Ex. : je verrai le roi, (tournez) le roi lequel je verrai; je me promènerai avec vous, (tournez) vous avec lesquels je me promènerai.

1. Je verrai le roi. — 2. Je me promènerai avec vous. — 3. Vous vous êtes réjouis de cette nouvelle. — 4. Il a entrepris cette affaire avec zèle. — 5. Nous nous sommes battus contre ces vaillants soldats. — 6. Il s'est montré reconnaissant envers son bienfaiteur. — 7. Nous avons dû lutter contre une mer furieuse. — 8. Ce jeune homme mérite nos éloges à cause de sa bonne conduite. — 9. Nos champs ont été rafraîchis par des rosées bienfaisantes. — 10. Nos troupes ont été encouragées par l'allocution du général. — 11. La science s'acquiert par le travail. — 12. Le maître promet des récompenses aux élèves laborieux. — 13. Un roi juste et craignant Dieu est chéri et estimé des sujets. — 14. Nous recevrons un jour la récompense de nos bonnes œuvres.

11ᵐᵉ DEVOIR. — 3ᵐᵉ SÉRIE.

SUJET. — DE L'AIR.

(1) La masse d'air qui environne la terre, et qui s'étend indéfiniment dans l'espace qu'il occupe tout entier, est ce

corps que nous appelons atmosphère, et dont la hauteur est d'environ soixante-quatre kilomètres.

L'air est cet élément que l'on désigne souvent sous le nom de fluide, dans lequel nous sommes continuellement plongés, dont nous sommes nous-mêmes remplis, et qui est indispensable à l'existence de tous les animaux vivant sur la terre. Quant à la nature même de l'air, celui qui en est l'auteur est le seul qui en connaisse la structure et le fond. (2) Nous voyons les nuages qui circulent dans l'air, les éclairs qui sillonnent dans les nues, la pluie qui fertilise nos terres et dont elles sont quelquefois inondées ; nous voyons la grêle, ce terrible fléau que l'agriculteur redoute par dessus tout, et auquel se rattachent tant de ruines ; nous voyons aussi d'autres météores qui se forment dans l'air, et qui y agissent avec force ; mais tous ces corps sont différents de l'air. (4) Ce qu'on aperçoit dans une chambre obscure, dans laquelle il entre un rayon de soleil, n'est qu'un amas de petites poussières, que le mouvement de l'air emporte çà et là, et qui se trouvent propres à réfléchir la lumière : l'air est tout autre chose. (5) Il est d'une petitesse indéfinissable qui nous le rend invisible, et à la connaissance de laquelle nos yeux ne pourraient jamais parvenir, même avec les meilleurs microscopes.

L'air a trois propriétés, qu'il est bon de connaître : 1°. Il est fluide, c'est-à-dire, qu'il est composé de parties désunies qui glissent aisément les unes sur les autres, et qui, par ce moyen, obéissent à toutes sortes d'impressions. On en trouve la preuve dans la liberté avec laquelle tous les animaux respirent l'air, au travers duquel ils passent sans obstacle. 2° L'air est pesant, et il agit par son poids sur les corps au-dessus desquels il se trouve. La pression qu'exerce sur nous l'atmosphère est très-considérable. On appelle *baromètre* l'instrument au moyen duquel on est parvenu à mesurer cette pression. 5° L'air est élastique : il est susceptible de compression et de dilatation, de la même manière que certains corps, lesquels étant pliés tendent à se débander. (5) Les trois propriétés que possède l'air, sont donc : la fluidité, la pesanteur et l'élasticité ; et elles sont distinctes.

Avis. Annoter tous les adjectifs dét. relatifs, en les faisant précéder de l'antécédent avec lequel ils sont en rapport ; désigner le verbe

dont ils sont sujets, le verbe ou la préposition dont ils sont compléments. Ex. : la masse d'air qui environne (*qui* a pour antécédent air et
est sujet de environne). L'espace qu'il occupe (*que* a pour antécédent
espace, et est complément direct de occupe).

QUESTIONS. 1° Qu'est-ce que l'atmosphère ? 2° Peut-on confondre
l'air avec les nuages, la foudre, etc. ? 3° Pouvons-nous voir l'air ? 4°
Que voyons-nous donc dans une chambre obscure, quand un rayon de
soleil y pénètre ? 5° Les trois propriétés de l'air sont elles distinctes ?

<h2 style="text-align:center">16me LEÇON.</h2>

Adjectif déterminatif numéral.

I. Ces adjectifs déterminent la signification du nom, en y
ajoutant une idée de nombre ou d'ordre par rapport aux individus.

II. De là deux sortes d'adjectifs dét. *numéraux.* Les premiers, appelés *cardinaux*, déterminent la signification du
nom avec une idée de nombre, de quantité, purement et
simplement, comme *un, deux, trois, cent, mille*, etc. : Ce
père a *trois* enfants ; une flotte de *cent* voiles ; une armée de
trente mille hommes. Les seconds, appelés *ordinaux*, déterminent la signification du nom, avec une idée d'ordre, de
rang, mais exprimant néanmoins un nombre déterminé ou
indéterminé, comme *premier, deuxième, troisième, centième,
millième*, etc. : Occuper la *première* place; prévoir la *centième* partie d'une chose; je me contenterais de la *millième*
portion de votre fortune.

1re REMARQUE. Les nombres ordinaux, à l'exception de *premier* et de
second, se forment des nombres cardinaux, en ajoutant la terminaison
ième à ceux qui finissent par une consonne : deux, deux*ième*; six,
six*ième*, etc. ; en changeant l'*e* muet en *ième* dans ceux qui sont terminés par cette voyelle : quatre, quatr*ième*; trente, trent*ième*.
 Cinq fait cinqu*ième*, neuf fait neuv*ième*.

2me REMARQUE. Au lieu d'écrire : vingt-et-un, soixante-et-onze,
quatre-vingt-et-un, etc.; il est mieux d'écrire : vingt-un, soixante-onze,
quatre-vingt-un.

<h3 style="text-align:center">16me DEVOIR. — 1re SÉRIE.</h3>

AVIS. 1° Faire connaître les nombres ordinaux qui répondent à :

Dix, vingt, vingt-huit, trente-deux, cent, cent quinze,
mille, dix mille, cent trente-six, trois cent quarante-quatre,

IV.   6* trente-trois mille, cent six, quatre-vingt-quinze, huit, seize, soixante dix-neuf.

2º Faire connaître les nombres cardinaux qui répondent à :

Onzième, trentième, centième, cent-dixième, quatre-vingtième, quatre-vingt-quinzième, dix millième, vingt et un millième, millionième, cent-un millionième.

3º Faire précéder de *quel, quelle, quels, quelles*, selon le genre et le nombre, les noms suivants dont on donnera le singulier et le pluriel ; terminer par un verbe, mis à un temps simple, de manière à produire l'interrogation ou l'exclamation, au choix. Ex. : vin, quel vin, quels vins donneras-tu ? — Idée, quelle excellente idée, quelles excellentes idées tu as ! etc.

Vin; idée; château; champ; chant; éloge; emploi; ami; troupeau; cathédrale; hauteur; flot; caillou; oie; oiseau; procès; citoyen; bataille; loi; pois; haricot; chou; héros; honneur; mer; pain; pin; forêt; eau; os; statue; remords; hamac; humeur; aventure.

4º Désigner, parmi ces noms, ceux dont le pluriel se forme irrégulièrement.

<h3 style="text-align:center">16me DEVOIR. — 2me SÉRIE.</h3>

Avis. 1º Faire précéder les noms suivants de l'adjectif dét. quel, quelle, quels, quelles et d'un adjectif qualificatif selon le nombre et le genre indiqués. Pour donner à ces mots la forme interrogative ou exclamative, l'élève complètera sa pensée d'une manière convenable en employant un verbe. L'adjectif qualificatif précèdera ou suivra le nom, selon le sens.

Prairies; projets; golfes; étude; récréation; feux; chasse; combats; victoires; billard; ardeur; charité; richesses; honte; funérailles; chagrin; cruauté; sévérité; musique; sons; loyauté; chaleurs; neige; éclairs; torrents; incendie; livres; flots; vaisseau; naufrage; volcans; misère; fables; travaux; piété; magnificence; papillons; services; ouvrier; réputation; hommes; fleuves; magistrats; campagnes; ormeaux; cerfs; exercices; écriture; feuilles; encre; ancre; tentes; tante; cœur; chœur; amitié.

2º Indiquer la personne, le nombre, le temps, le mode de chacun des verbes contenus dans les phrases du 2º de l'avis du 15me devoir, 2me sér. (*Je verrai le roi*).

16me DEVOIR. — 5me SÉRIE.

SUJET. — EFFETS DE L'AIR.

Lorsque nous considérons en lui-même cet air que nous respirons, nous ne pouvons qu'entrevoir le jeu et le mécanisme admirable de cet élément; mais l'idée que nous nous en formerons, deviendra toujours plus magnifique, à mesure que nous le suivrons dans ses différents effets, dont voici les plus généraux. Ce sont : (1) 1° L'évaporation des eaux, dont on a reconnu la nécessité et la constance. 2° Les vents, que nous appellerons volontiers les serviteurs du genre humain, auxquels le Créateur a donné la commission de nous réchauffer et de nous rafraîchir tour à tour; qui, en outre, tiennent nos demeures nettes, et transportent tout ce qui salit et peut infecter l'air. 3° La végétation des plantes: c'est l'élasticité de l'air qui est le principe de leur force et de leur accroissement, par la chaleur et la fraîcheur successives qu'il y apporte. 4° La digestion et la nutrition des animaux : il semble que la chaleur interne qui est dans tous les animaux, pourrait suffire pour porter par tout le corps, le sang et l'entretien nécessaires à toutes les parties; mais cette chaleur n'exerce son action que par le secours de l'air. L'air un instrument auxiliaire sans lequel le feu ne peut rien, et nous voyons qu'il s'éteint toujours, quand l'air lui manque.

La structure de l'air produit d'autres effets qui ne sont pas moins merveilleux que ceux dont nous venons de parler. Il nous apporte, de toutes parts et de fort loin, des avis aussi justes que prompts de tout ce qui peut nous intéresser, soit en bien, soit en mal. Il nous transmet les odeurs : c'est le moyen que la divine Providence a choisi pour nous informer de la bonne ou mauvaise qualité des nourritures; et, comme l'air nous annonce par des sensations délicates et flatteuses, ce qui est d'une nature bienfaisante et convenable à nos usages, il n'est pas moins fidèle à nous affliger à propos, quand il faut fuir un poison, un séjour marécageux, une demeure infecte ou malsaine. L'air nous transmet les sons : si l'air est pour nous un moniteur si fidèle par la diversité des odeurs qu'il disperse, il s'acquitte tout autrement de cette fonction par les divers sons dont il nous frappe. On peut regarder ces sons comme autant de postillons qu'il nous envoie à chaque instant, pour nous dire ce qui se passe à des distances considérables.

Avis. 1° En transcrivant, indiquer tous les adjectifs déterminatifs possessifs, tous les adjectifs déterminatifs relatifs, et agir pour les uns et pour les autres comme aux 13me et 14me devoirs, 3me série.

2° Copier les phrases suivantes; séparer les adjectifs quel, quelle, etc., en les faisant suivre du nom auquel ils se rapportent. Le point, omis à dessein, doit être suppléé dans le devoir écrit.

1. Quel bras peut vous suspendre, innombrables étoiles ( ) Quelle réponse avez-vous faite à cet homme ( ) Quels sont les principaux lacs de l'Europe ( ) Quelles sont les plus hautes montagnes ( ) Quelle magnificence dans le spectacle qu'offre le ciel par un beau clair de lune ( ) Quel ordre on voit régner dans tout l'univers ( ) Quel malheur attend l'homme sans conduite ( ) De quelle étoffe votre habit est-il fait ( ) Quelle dignité dans le lion ( ) Quelle élégance dans le cheval ( ) Quelle différence n'y-a-t-il pas entre ces deux frères ( ) Quel fruit avez-vous retiré de vos études ( ) A quels reproches ne vous êtes-vous pas exposé ( ) Quels ont été vos bénéfices ( ) A quel homme avez-vous eu affaire ( ) Quelle auguste et imposante cérémonie ( )

Questions. 1° Citez quelques effets de l'air ? 2° Ces effets sont-ils utiles (a) à l'homme ; (b) aux plantes ; (c) aux animaux ? 3° Ces effets doivent-ils être attribués à une espèce de hasard ?

17me LEÇON.

3me CLASSE. — **Adjectif indéfini**.

I. On appelle ces adjectifs *indéfinis* ou *indéterminés*, parce que, tout en modifiant la signification des noms auxquels ils sont joints, ils n'y ajoutent pas une idée précise, comme les autres adjectifs, mais quelque chose de vague et d'indéterminé.

II. Ces adjectifs sont : 1° *tout, nul, aucun, maint, certain, tel, quel*, pour le singulier masculin; *toute, nulle, aucune, mainte, certaine, telle, quelle*, pour le singulier féminin; *tous, nuls, aucuns, maints, certains, tels, quels*, pour le pluriel masculin; *toutes, nulles, aucunes, maintes, certaines, telles, quelles*, pour le pluriel féminin.

Remarque. Nuls, nulles, aucuns, aucunes ne s'emploient au pluriel que lorsqu'ils doivent déterminer la signification d'un nom qui n'a pas de singulier : *nuls* ancêtres, *nulles* funérailles ; on n'a fait *nuls* frais pour son éducation. Ou bien, quand le nom a une acception particulière au pluriel : *aucunes* troupes ne nous ont été plus fidèles.

2° *Quelque, quelconque, autre, même,* des deux genres au singulier ; *quelques, quelconques, autres, mêmes,* des deux genres au pluriel.

5° *Plusieurs,* des deux genres, sans singulier. *Chaque,* des deux genres, sans pluriel.

17ᵐᵉ DEVOIR. — 1ʳᵉ SÉRIE.

Avis. 1° Faire précéder, au singulier seulement, chacun des noms ci-dessous, des adjectifs indéfinis *tout, nul, aucun, maint, certain, tel, quelque, autre, même.* On ne mettra pas l'article.

Avantage ; profit ; erreur ; propos ; aventure ; soldat ; chef ; armée ; hameau ; horreur ; brebis ; corbeau ; phénix ; gaz ; encrier ; écritoire ; arc ; adolescent ; agneau ; loup ; moineau ; souris ; souriceau ; cérémonie ; orange ; filou ; prix ; maison ; château ; villageois ; église ; fardeau ; succès ; clocher ; détail ; fondeur ; menuisier ; tailleur ; médecin ; avocat ; courtisan.

2° Mettre ces mêmes noms au pluriel et les faire précéder des mêmes adjectifs, excepté *nul* et *aucun.*

3° Faire le même exercice sur les noms suivants, avec *nuls, nulles, aucuns, aucunes, plusieurs,* selon le genre de chaque nom.

Funérailles ; frais ; obsèques ; ancêtres ; ronces ; broussailles ; troupes ; débats ; raisons ; devoirs ; soins ; gens (*fém.*) ; droits ; matériaux ; décombres ; rogations ; ruines ; débris ; restes ; gages.

17ᵐᵉ DEVOIR — 2ᵐᵉ SÉRIE.

Avis. Indiquer dans les phrases suivantes tous les adjectifs soit qualificatifs, soit déterminatifs, soit indéfinis qui sont en lettres italiques, ayant soin d'en désigner les espèces, le genre, le nombre et la fonction. Il faudra, pour cela, désigner le nom auquel l'adjectif se rapporte. Ex. : Tout bienfait mérite sa récompense. *Tout,* adjectif indéf. sing. masc. dét. la sign. de bienfait ; *sa,* adj. dét. poss. sing. fém. dét. la sign. de récompense. Cet élève est studieux ; aussi est-il toujours le premier de sa classe. *Cet,* adj. dét. indic. sing. masc. dét. la sign. d'élève ; cet pour ce ; *studieux,* adj. qual. sing. masc. qualif. élève ; *le premier,* adj. dét. num. ord. dét. la sign. de il ; *sa,* adj. dét. poss. sing. fém. dét. la sign. de classe.

1. L'historien *sacré* rapporte que les vivres pour la table de Salomon étaient, *chaque* jour, *trente* mesures de fleur

de farine, et *soixante* de farine ordinaire. — 2. Il avait *mille* chevaux dans *ses quarante* écuries pour les charriots, et *douze mille* chevaux de selle. — 3. Sous le règne de *ce grand* roi, dans Juda et dans Israël, *tout* homme demeura sans *aucune* crainte, *chaque* habitant sous *sa* vigne et sous *son* figuier, — 4. C'est Salomon *qui*, par l'ordre du Seigneur *souverain* de *toutes* choses, a construit le *premier* temple qui fût consacré à la *vraie* Divinité. — 5. Il employa pour la construction de *ce magnifique* et *riche* temple, *trente mille* hommes de *toutes* les tribus d'Israël. — 6. Il les envoyait au Liban tour à tour, *dix mille chaque* mois, de sorte que *ces* ouvriers demeuraient *deux* mois dans *leurs* maisons. — 7. On commença à bâtir *cette* maison au Seigneur, la *quatrième* année du règne de Salomon, au mois de Zio, *qui* était le *second* mois de l'année *sacrée*.

17me DEVOIR. — 3me SÉRIE.

SUJET. — AUTRES EFFETS DE L'AIR.

Tout homme a des pensées qui l'occupent : ces pensées ne sont connues que de lui; elles ne sont pas visibles. Quel moyen pourra-t-il employer pour les communiquer à certains individus avec lesquels il se trouve? Il formera par les mouvements de sa langue et de ses lèvres, quelques sons, dont les articulations différentes sont des signes auxquels les hommes sont convenus d'attacher certaines pensées. (1) Ainsi tous les assistants qui entendent le bruit dont ses lèvres ont frappé l'air, sont informés de tout ce qu'il a dans l'esprit. Ils sont occupés des mêmes pensées, et leur cœur est touché des mêmes sentiments. C'est donc l'air qui est l'interprète du genre humain : il est, d'une certaine manière, le lien des esprits.

(2) L'air met en correspondance ceux-mêmes qui sont séparés par de grands intervalles. Supposons qu'une armée nombreuse se dirige en silence vers quelque ville, pour en faire le siége : Chaque habitant ignore une telle circonstance; mais la sentinelle, qui a vu paraître de loin l'ennemi, frappe quelques coups sur une cloche, et, en une seconde, c'est-à-dire, en la soixantième partie d'une minute, l'air a déjà porté le son de la cloche à mille quatre-vingts pieds, ou à cent quatre-vingts toises, ou à trois cent soixante

mètres aux environs de la tour, au haut de laquelle la même
senti..elle se trouve. Dans la seconde suivante, le son est à
trois cent soixante autres mètres, en sorte que la nouvelle
du danger est sue par toute la ville en moins de sept à huit
secondes. A l'instant même, chaque habitant court aux
armes, et l'ennemi est repoussé.

L'air est donc le messager le plus diligent que nous puis-
sions employer. (5) Mais, s'il nous étonne par sa vigilance
et par la promptitude de sa course, que dirons-nous de la
fidélité avec laquelle il rend ce qu'on lui a confié? Il distribue à la ronde l'harmonie d'un concert; il nous rapporte,
sans méprise, toute la justesse de la mesure, toute la légèreté des cadences, les moindres inflexions de la voix, un
quart de ton, une nuance de ton. Il prend toutes les formes
de la musique, et en saisit finement tous les caractères.
Enfin, il entre si vivement dans toutes les passions, dont la
musique imite les transports, qu'il remplit les auditeurs des
mêmes mouvements.

Avis. 1º Indiquer, selon qu'il a été déjà fait pour les adjectifs possessifs, tous les adjectifs dét. numéraux cardinaux, les numéraux ordinaux, et les adjectifs indéfinis.

2º En transcrivant on mettra, entre parenthèses, le singulier des
noms communs qui, dans le sujet, sont au pluriel, et le pluriel de ceux
qui sont au singulier.

Questions. 1º Sans l'air, l'homme pourrait-il produire les sons nécessaires pour exprimer sa pensée? 2º L'air communique-t-il rapidement
les sons? Donner un exemple autre que celui de la cloche. 3e L'air rend-
il exactement les sons?

18me LEÇON.

Du pronom.

I. Le *pronom* a pour fonction de rappeler à l'esprit l'idée
d'une personne ou d'une chose déjà exprimée ou suffisamment désignée pour qu'on puisse la reconnaître. Ainsi, on
vient de parler de Paul, et on dit de lui : *il* remplit parfaitement tous ses devoirs; le pronom *il* rappelle évidemment
l'idée de Paul, et non celle d'une autre personne.

Autre exemple. Quand on dit : *celui* de votre frère, ou
bien, *le mien* est plus fringant, *celui* et *le mien* rappellent
évidemment l'idée d'un individu déjà nommé, dont on n'a

pas perdu le souvenir, *cheval*, auquel convient l'adjectif *fringant*. *Celui* et *le mien* sont donc des pronoms.

II. Il y a six sortes de pronoms qui sont : les pronoms *personnels*; les pronoms *indicatifs* ou *démonstratifs*; les pronoms *possessifs*; les pronoms *relatifs*; les pronoms *interrogatifs* et les pronoms *indéfinis*.

Pronoms personnels.

III. Les pronoms *personnels* sont ainsi nommés, parce qu'ils indiquent le rôle que chaque personne ou chaque chose remplit dans le discours.

Il y a trois *personnes*, auxquelles répondent des pronoms qui en rappellent l'idée.

1° La première personne est celle qui parle. Les pronoms de cette personne sont : *je, me, moi*, pour le singulier des deux genres : *je* lis, *je me* flatte, aidez-*moi; nous*, pour le pluriel des deux genres : *nous* lisons, *nous nous* flattons, aidez-*nous*.

2° La seconde personne est celle à qui l'on parle. Les pronoms de cette personne sont : *tu, te, toi*, pour le singulier des deux genres : *tu* lis, *tu te* flattes, aide-*toi; vous*, pour le pluriel des deux genres : *vous* lisez, *vous vous* flattez, aidez-*vous*.

Nota. Par convenance on emploie très-fréquemment *vous* au lieu de *tu*; dans ce cas, l'adjectif qui suivrait, se mettrait au singulier.

3° La troisième personne est celle de qui l'on parle. Les pronoms de cette personne sont : *il, le, lui, se*, pour le singulier masculin : *il* lit, aidez-*le*, dites-*lui, il se* flatte ; *ils, eux, les, leur, se*, pour le pluriel masculin : *ils, eux* lisent, aidez-*les*, dites-*leur, ils se* flattent; *elle, la, lui, se* pour le singulier féminin : *elle* lit, aidez-*la*, dites-*lui, elle se* flatte; *elles, les, leur, se*, pour le pluriel féminin : *elles* lisent, aidez-*les*, dites-*leur, elles se* flattent.

Nota. Dans la grammaire complète on trouvera de plus amples explications sur ces pronoms.

18me DEVOIR. — 1re SÉRIE.

Avis. Indiquer la personne, le nombre et le genre, s'il y a lieu, des pronoms personnels des phrases suivantes, désignés par des italiques; donner la raison de la personne, du nombre et du genre.

1. *Nous* irons à la campagne. — 2. *Il* sacrifie tout à son devoir; — 3. *Tu* sauras plus tard ce qu'*il* est venu faire. — 4. *Vous* riez et *nous* pleurons. — 5. *Elle* possède une grande fortune. —6. *Ils* ont volé au secours de la patrie. — 7. *Vous* me semblez bien contristées de ce qu'*elles vous* ont annoncé. —8. S'*ils* s'étaient conduits comme*nous* pensions, vous *les* auriez récompensés. — 9. Annoncez-*leur* que le roi *leur* accorde la faveur qu'*elles lui* ont demandée. — 10. L'orgueilleux *se* flatte sans cesse; il s'attribue des mérites qu'*il* n'a pas. — 11. Proposez-*lui* de vous accompagner. — 12. *Tu* seras sage et studieux, si tu veux nous rendre heureux. — 13. *Tu* ne seras pas jaloux du bonheur d'autrui. — 14. *Il* m'a envoyé une collection de fleurs ; *je les* planterai avec soin.

Nota. *Vous*, sera toujours pris dans le sens du pluriel.

18ᵐᵉ DEVOIR. — 2ᵐᵉ SÉRIE.

Avis. 1° Changer en pluriel les pronoms personnels qui sont au singulier, de manière à rendre le tout régulier ; donner la raison du nombre et de la personne après le changement.

1. J'ai lu ce bel ouvrage. — 2. Tu liras le livre que je te prêterai. — 3. Il sera parti quand tu arriveras. — 4. Elle occupe la première place ; je ne sais si elle s'y maintiendra. — 5. Ton fils viendra aujourd'hui ; donne-lui de bons conseils, et, s'il les écoute, encourage-le par des récompenses. — 6. Si j'avais connu ton désir, je t'aurais volontiers accordé la faveur que tu demandais. — 7. Elle sera heureuse de te revoir ; et toi, fais en sorte de lui prouver que tu lui seras toujours obéissant et dévoué. — 8. Veux-tu devenir savant? Pour cela tu dois être convaincu qu'un travail sérieux et constant t'est indispensable. — 9. S'il devient raisonnable, il fera le bonheur de ses parents, qui l'aiment tendrement.

2° Mettre au singulier les pronoms personnels qui sont au pluriel; raison du nombre et de la personne après le changement.

1. Nous visiterons avec plaisir la maison qu'ils ont fait construire. — 2. Vous viendrez nous voir dans le courant de la semaine. — 3. Ils seront charitables, parce qu'ils voient leurs parents pratiquer la charité. — 4. Si vous

aimez les pauvres, Dieu vous bénira, ainsi que votre famille. — 5. Elles désirent vivement que vous obteniez les emplois pour lesquels vous avez fait des démarches; si vous réussissez, empressez-vous de leur en donner avis. — 6. C'est avec la plus grande peine que nous vous voyons sans cesse en la société de ces méchants hommes; gardez-vous bien de les fréquenter plus longtemps; car ils vous entraîneraient infailliblement dans le vice, — 7. Leurs maîtres, qui sont pleins de bonté pour eux, leur ont promis de les récompenser, s'ils vous imitent. - 8. Nous vous avons souvent engagés à vous appliquer aux sciences; vous ignorez encore combien elles sont utiles et agréables; quant à nous, nous y travaillerions sans cesse. — 9. Ces hommes se sont maintenus dans le principe de la sagesse : la prospérité ne les avait pas enflés; l'adversité ne les a pas abattus.

<h3 style="text-align:center">18me DEVOIR. — 3me SÉRIE.</h3>

<h4 style="text-align:center">SUJET, — L'AIR EST INVISIBLE. POURQUOI?</h4>

En parlant des effets de l'air, nous avons admiré la souplesse avec laquelle il se prête à la transmission des sons. De cette merveille étonnante nous allons passer à celle de la lumière, dont il est, en quelque sorte, le véhicule ordinaire. Le premier étonnement où nous devons être à cet égard, c'est que nous ne pouvons apercevoir l'air; et (1) cependant il a un corps; il est voisin des hommes; ils en sont sans cesse entourés, et ils en ressentent sans cesse l'action. Toute personne le traverse au moindre mouvement qu'elle fait. Vous devez reconnaître ici l'ouvrage d'une providence toujours attentive à nos besoins. (2) Si elle a rendu l'air invisible, (5) c'est pour nous découvrir tout le spectacle de la nature. La lumière est un fluide subtil qui éclaire; il rend les objets visibles. (4) Si l'air était visible, la vue des objets ne serait plus distincte pour nous; car chaque parcelle d'air ayant assez de face pour réfléchir la lumière, nous ne verrions ce qui nous environne, que comme au travers de ces rayons de soleil qui passent dans une chambre obscure, où ils sont réfléchis par la poussière qui y vole. C'est donc dans ton intérêt, ô homme, que Dieu a rendu l'air invisible; mais en le faisant ainsi disparaître totalement, il ne s'est pas contenté de te découvrir plus nettement les dehors de ses ouvrages, il dérobe encore à tes yeux tout ce que tu es intéressé à ne pas voir. (5) En effet, si l'air était visible, les vapeurs le seraient encore plus ; et que deviendrait alors pour toi le riche tableau que l'univers t'offre en plein jour? Les moindres fumées le défigureraient, et la vie des hommes n'en deviendrait-elle pas désagréable et pleine d'inquiétude pour eux? Ils apercevraient de toutes parts ce que la perpétuelle transpiration élève dans les airs du corps des animaux, ce qui s'exhale des cuisines, des rues et de tous les endroits habités; la société ne leur serait-elle pas insupportable? Ils ne se croiraient logés sainement et sûrement, qu'en fuyant dans les déserts pour éviter les maux dont ils se verraient menacés, ou pour prévenir les dégoûts qui seraient les suites inévitables de cette vue. Mais qui n'admirerait ici la tendre sollitude de Dieu pour l'homme! (6) Comme les exhalaisons, qui cessent d'être nuisibles quand elles se dispersent, pourraient, n'étant pas vues, le suffoquer et lui faire tort à proportion de leurs concours et de leurs forces, Dieu ne s'est pas contenté de lui épargner ces frayeurs perpétuelles, il l'avertit du danger par les odeurs et l'en délivre par le souffle des vents. (7) Nous devons non-seulement avoir de l'admiration, mais surtout nous montrer reconnaissants pour tout ce qu'il a fait et réglé dans notre intérêt.

Avis. 1º Indiquer tous les pronoms personnels au fur et à mesure qu'ils se présentent dans le sujet, ayant soin d'ajouter les mots dont ils sont ou sujets ou compléments, après avoir fait connaitre la personne, le nombre et le genre.

2º Mettre au singulier les pronoms personnels du nº 1 qui suit : et au pluriel ceux de la phrase, nº 2.

1. On peut dire des avares qu'ils n'amassent que pour amasser : ce n'est pas pour fournir à leurs besoins; ils se les refusent. Leur argent leur est plus précieux que leur santé, que leur vie, qu'eux-mêmes.

2. Heureux celui qui est honoré d'un beau nom, s'il sait le porter dignement; il soutient alors, rehausse même l'illustration de ses ancêtres, et mérite l'estime et la vénération de ses contemporains.

Questions. 1º L'air a-t-il un corps? 2º Peut-on le voir? 3º Pourquoi Dieu l'a-t-il fait invisible? 4º Si l'air était visible, l'homme distinguerait-il nettement les objets extérieurs? 5º N'aurait-il pas à souffrir de la vue des vapeurs? 6º Dans quel intérêt Dieu a-t-il disposé ainsi les choses? 7º Quel doit être notre sentiment à l'égard de Dieu.

19ᵐᵉ LEÇON.

Pronoms adjectifs indicatifs.

I. Les pronoms adjectifs indicatifs sont ceux qui rappellent l'idée d'une personne ou d'une chose, en y ajoutant une idée particulière d'*indication*.

II. Ces pronoms sont : *celui, celui-ci, celui-là*, pour le singulier masculin ; *celle, celle-ci, celle-là*, pour le singulier féminin ; *ceux, ceux-ci, ceux-là*, pour le pluriel masculin ; *celles, celles-ci, celles-là*, pour le pluriel féminin.

Ce, ceci, cela, sont applicables aux deux genres, ou plutôt n'ont ni genre ni nombre, étant invariables.

Si après avoir parlé de Pierre et de Paul, on ajoute, *celui-ci* est riche, *celui-là* est pauvre, *celui-ci* et *celui-là* sont deux *pronoms*, attendu qu'ils rappellent l'idée de Pierre et de Paul ; ils sont *indicatifs* ou *démonstratifs*, parce qu'ils indiquent Pierre et Paul, dont on avait parlé précédemment.

Celui-ci, celle-ci, ceux-ci, celles-ci, ceci désignent le rapprochement ; *celui-là, celle-là, ceux-là, celles-là, cela* marquent l'éloignement. Ainsi dans l'exemple ci-dessus, *celui-ci* désigne Paul, et *celui-là*, Pierre.

1ʳᵉ Remarque. Il ne faut pas confondre *ce*, pronom indicatif, avec *ce* adjectif déterminatif indicatif. Le dernier accompagne toujours un nom : *ce* livre, *ce* héros ; le premier précède toujours le verbe *être*, ou l'un des mots *qui, que, quoi, dont : ce* me sera agréable ; *ce* qui est vrai ; *ce* que je veux ; *ce* dont je suis certain ; c'est évident.

2ᵐᵉ Remarque. Il ne faut confondre ni l'un ni l'autre, avec *se* pronom personnel qui peut toujours se tourner par *soi*, ou par *lui, elle*, etc. Il *se* loue, il loue soi ; *se* croire plus que les autres, c'est être orgueilleux, (croire *soi* etc, *cela* est, etc.)

Pronoms possessifs.

III. Les pronoms *possessifs* sont ceux qui rappellent l'idée d'une personne ou d'une chose, en y ajoutant une idée particulière de possession.

IV. Ces pronoms sont : *le mien, le tien, le sien, le nôtre, le vôtre, le leur*, pour le singulier masculin ; *la mienne, la tienne, la sienne, la nôtre, la vôtre, la leur*, pour le singulier féminin ; *les miens, les tiens, les siens, les nôtres, les vôtres, les leurs*, pour le pluriel masculin ; *les miennes, les tiennes, les siennes, les nôtres, les vôtres, les leurs*, pour le pluriel féminin. On voit que les *nôtres, les vôtres, les leurs* servent pour les deux genres du pluriel.

REMARQUE. Dans les mots *nôtre, nôtres, vôtre, vôtres,* pronoms possessifs, l'article précède le mot, et l'*ô* prend toujours un accent circonflexe. Cet accent ne se met jamais sur *notre, notres, votre, votres,* adjectifs déterminatifs possessifs : *votre* père est un homme pieux et craignant Dieu; *le nôtre* brille aussi par ses vertus chrétiennes. *Votre* joint à père est adjectif possessif; *le nôtre* est pronom possessif.

Notre père étant pour le père de *nous,* comme *mon* père est pour le père *de moi, le nôtre, le mien,* seront pour le (père) *de nous,* le (père) *de moi.*

19me DEVOIR. — 1re SÉRIE.

AVIS. Dans les phrases qui suivent, indiquer 1º les pronoms indicatifs ;

2º Les pronoms possessifs. Faire connaître les noms dont ces deux sortes de pronoms rappellent l'idée ; dire ensuite quels sont le nombre et le genre de ces pronoms ;

3º Les pronoms personnels avec les explications indiquées au 18me devoir, 1re série. Tous ces pronoms sont désignés par des italiques.

1. Les enfants du patriarche Jacob furent au nombre de douze : *celui* qui fut vendu par ses frères, s'appelait Joseph. — 2. *Ce* fut la jalousie qui fut cause de la haine de *ceux-là.* — *Ils* voulurent d'abord faire mourir leur frère en le tuant; mais après *cela ils* résolurent de *le* jeter dans une citerne. — 3. Ce fut Ruben qui *leur* donna ce conseil, en leur disant *ceci* : ne faites pas *cela,* mais si *vous* voulez conserver vos mains pures, jetez-le plutôt dans cette citerne, qui est dans le désert. — 4. Il donna ce conseil à *ceux-ci,* dans le dessein de retirer son frère de leurs mains, et de *le* rendre à son père. — 5. Joseph fut retiré de la citerne et vendu par ses frères à des Ismaélites. *Ceux-ci le* conduisirent en Égypte et *le* vendirent à Putiphar. — 6. Dieu permit que *celui* qui avait été maltraité par ses frères, devînt très-puissant dans le royaume d'Égypte. — 7. La cruauté de *ceux-ci* fut punie plus tard par le remords et la confusion, et la vertu de *celui-là,* récompensée et honorée. — 8. J'ai reçu la lettre de votre frère; *la vôtre* ne m'est pas encore parvenue. — 9. Écoutez *ceci : celui* qui rend un service doit l'oublier; celui qui *le* reçoit ne doit jamais *le* méconnaître. — 10. *Nous* devons louer les vertus d'autrui, et jamais *les nôtres* : combien de

gens, cependant, qui s'empressent de faire parade *des leurs!* — 11. *Je* connais un bien qui est au-dessus de tous les trésors : c'est la paix de la conscience; de *celle-ci* découle la liberté de l'âme. — 12. Les désirs insensés tournent toujours à la honte et au chagrin de *celui* qui les a conçus. — 13. Ton frère a déjà terminé ses examens, *les miens* sont encore à subir. — 14. Où en es-tu *des tiens?* — 15. Voici ce que j'ai appris d'Eugène et d'Adolphe : c'est qu'ils s'attendent à subir *les leurs* dans huit jours.

19me DEVOIR. — 2me SÉRIE.

Avis. Indiquer 1° les pronoms indicatifs ; en faire connaître le genre et le nombre, en désignant le nom dont ils rappellent l'idée ;

2° De même pour les pronoms possessifs ;

3° Les verbes qui ont deux noms pour sujets apparents.

1. Votre maison est grande et belle; celle de votre voisin a moins de valeur; la mienne l'emporte sur la sienne, mais elle ne vaut pas la vôtre. (*Tourner cette phrase : votre maison etc. du sing. au plur. après les explications demandées*). — 2. Condé et Turenne étaient deux grands généraux ; je donne volontiers la préférence à celui-ci ; votre choix est-il le même que le mien? — 3. L'étude de l'histoire et celle de la géographie sont éminemment utiles : cela est certain; toutefois je trouve celle-ci moins attrayante que celle-là. — 4. Accorde-moi ton amitié, je te donnerai la mienne. : tes goûts sont les miens, mes inclinations sont les tiennes, mes parents sont liés avec les tiens, et cela doit suffire. (*Mettez accordez-moi au pluriel et faites suivre le sens comme ci-dessus.*) — 5. Le camélia et la rose sont deux fleurs magnifiques ; pour moi, je donne la préférence à celle-ci : votre avis est-il semblable au mien? — 6. Et c'est en ceci que je préfère la rose; celle-ci a la beauté et le parfum; celui-là brille, à la vérité, par l'éclat et la variété de ses couleurs, mais il est privé de parfum.

19me DEVOIR. — 3me SÉRIE.

SUJET. — LE SOLEIL.

Le quatrième jour de la création, Celui qui est l'Être suprême, Celui qui a fait tout sortir du néant par un seul acte de sa volonté, ordonna que deux grands astres fussent formés, non pour son utilité, mais pour la nôtre. (1) Ce sont ceux que nous nommons le soleil et la lune. Dieu fit celle-ci pour qu'elle présidât à la nuit, celui-là pour qu'il éclairât pendant le jour. Il créa en même temps les étoiles : ces corps sont lumineux. Ce sont ceux que l'on voit briller au firmament pendant une belle nuit. (2) Il y en a de deux sortes : les étoiles fixes et les planètes : celles-ci se déplacent continuellement dans le ciel ; celles-là ne changent pas sensiblement de place, les unes par rapport aux autres ; la lumière des planètes est empruntée et continue, tandis que les étoiles fixes qui brillent de leur propre éclat, ont la leur scintillante.

(3) Le soleil, le plus grand de tous les astres, (6) brille de son propre éclat ; (7) les diverses planètes et parmi celles-ci, la nôtre, reçoivent de lui la lumière dont elles jouissent. Les opérations du soleil peuvent se réduire à trois : celle d'éclairer, celle de colorer, et enfin celle d'échauffer. Il a une forme ronde, celle d'une boule, et son diamètre vaut environ cent dix fois celui de la terre ; (4) sa grosseur est environ treize cent trente mille fois plus forte que celle de notre globe (5) Celui-ci est éloigné du soleil de plus de trente quatre millions de lieues. Cette distance, qui nous étonne, est cependant peu de chose en comparaison de celle qui existe entre le soleil et la planète qui porte le nom de Saturne : celle-ci en est distante de trois cent vingt-neuf millions de lieues ; celle d'Uranus en est éloignée d'environ six cent soixante millions.

Que celui qui dispense l'être à son gré et qui est le maître de la matière, multiplie celle-ci, qu'il l'étende, la travaille en grand, et mette une espèce d'immensité dans son ouvrage, cela ne doit pas nous étonner ; mais ceci doit nous surprendre et surtout nous toucher, c'est de voir que, malgré une petitesse telle que la nôtre, la main de Dieu, aussi bienfaisante qu'habile, a daigné régler cette distance sur les avantages qui doivent nous en revenir. Car, en donnant à l'homme, pour habitation, le globe terrestre, il a placé son soleil à l'égard de celui-ci, dans une position telle, qu'il est assez près pour l'échauffer, et assez distant pour ne pas y porter l'incendie. Et ce qui doit exciter au plus haut degré la reconnaissance des hommes envers ce Dieu, qui est à mille titres le leur, c'est que, si la terre eût été placée dans un point où les rayons de ce globe de feu eussent été trop rapprochés, elle n'aurait pu en soutenir l'ardeur; si, au contraire, elle eût été jetée à l'écart, vers les extrémités du monde solaire, celle-ci n'eût reçu du soleil qu'une lumière mourante et sans effet pour ses productions ordinaires. Elle se trouve dans le juste point, où elle est à couvert des inconvénients qu'elle avait à craindre, et à portée des avantages qu'elle pouvait désirer.

Avis. 1º Indiquer, selon la marche connue, les pronoms indicatifs, les psssessifs et les personnels de la 1re et de la 2me personne.

2º Rechercher dans le dernier alinéa (*que celui qui dispense etc.*) les sujets avec leur verbe.

Questions. 1º Que créa Dieu, le quatrième jour? 2º Quelle différence y a-t-il entre les étoiles fixes et les planètes? 3º Qu'est-ce que le soleil? 4º Quelle est la grandeur du soleil par rapport à la terre. 5ᵃ Sa distance? 6º D'où le soleil tire-t-il sa lumière? 7º Et les planètes? 8º Et les étoiles fixes? 9º La terre aurait-elle à souffrir, si elle était plus ou moins éloignée du soleil?

20ᵐᵉ LEÇON.

Pronoms relatifs.

I. Les adjectifs déterminatifs *qui, que, quoi, de quoi, à quoi, lequel, laquelle, duquel*, etc., *lesquels, lesquelles, desquels*, etc., peuvent être désignés sous le nom de pronoms relatifs, lorsqu'ils rappellent l'idée d'un antécédent sous-entendu, ou exprimé dans une autre phrase ou un autre membre de phrase; mais, comme ils n'ont généralement d'emploi, ainsi séparés de leur antécédent, que sous la forme interrogative, nous les rangerons dans la classe des pronoms auxquels nous donnerons la dénomination suivante.

Pronoms relatifs interrogatifs.

II. A l'exception de *dont* qui n'est jamais employé que comme adjectif déterminatif relatif, les pronoms relatifs, cités plus haut, passent le plus souvent à l'état de pronoms interrogatifs, parce que, tout en rappelant l'idée d'une personne ou d'une chose sous-entendue ou exprimée ailleurs, ils ajoutent à l'idée de relation, un sens d'interrogation : *qui* frappe? *que* demandez-vous? à *quoi* pensez-vous ? *les-quels* préférez-vous?

On voit que ces mots *qui, que, à quoi, lesquels* n'ont pas ici d'antécédent exprimé, ce qui doit les faire distinguer de *qui, que, à quoi, lesquels*, adjectifs déterminatifs relatifs.

Les pronoms relatifs interrogatifs sont cependant censés avoir un antécédent. Ainsi, *qui* frappe? répond évidemment à *quel est l'homme qui* frappe? *homme* ou *personne* est alors l'antécédent sous-entendu. Ex : voici deux chevaux qui sont à vendre; et, après un examen suffisant, on demande à l'acheteur : *pour lequel* vous décidez-vous? *lequel* rappelle évidemment l'idée de *cheval*.

Pronoms indéfinis.

III Les pronoms indéfinis rappellent l'idée des personnes ou des choses d'une manière vague et indéterminée.

IV. Ces pronoms sont : *on, quiconque, tout le monde, tout, tous, qui que ce soit, quoi que ce soit, aucuns, autrui, la plupart, quelqu'un, chacun, certains, rien, nul, tel, personne, l'un l'autre, l'un et l'autre* etc. : on dit : *quiconque* de ces hommes, de ces femmes; faites à *autrui* ce que vous voudriez qu'*on* vous fît; donnez-moi *quoi que ce soit*, etc.

Nota. On trouvera dans la grammaire complète de nombreuses explications sur ces pronoms.

20ᵐᵉ DEVOIR. — 1ʳᵉ SÉRIE.

Avis. Indiquer 1° les pronoms relatifs interrogatifs ;

2° les pronoms indéfinis ;

3° les pronoms possessifs ayant soin, pour ces trois sortes de pronoms, de faire connaître le nom ou les mots auxquels ils correspondent ;

4° les noms communs ; leur genre et leur nombre; si le pluriel est régulier ou irrégulier. Ces derniers ne sont pas en italiques.

1. *Que* demandez vous? — 2. *A quoi* vous décidez-vous? — 3. La rose et la tulipe sont deux *fleurs* estimées; *laquelle* préférez-vous? — 4. On dit que vous souffrez; *de quoi* vous plaignez-vous? — 5. Avez-vous vu *quelqu'un? Personne* n'est venu me visiter; *nul* ne s'est présenté chez moi. — 6. Vous m'avez parlé de plusieurs personnes; *de laquelle* s'agit-il maintenant?— 7. Et cette personne, *de quoi* est-elle

accusée ? — 8. Nous ne devons nuire à *personne* en *quoi que ce soit.* — 9. Fais à *autrui* ce que tu veux qu'on te fasse. — 10. *Quoi* de plus odieux que le *mensonge?* ce vice n'est-il pas un peu *le vôtre?* — 11. Avec *qui* vous entretenez-vous ordinairement? — 12. *Qui* possède une maison de campagne plus agréable que *la vôtre? la mienne* offre de grands *agréments, tous* en conviennent. — 13. Nous reprenons souvent les défauts d'autrui sans faire attention *aux nôtres.* — 14. *De qui* as-tu reçu cette lettre? *la mienne* a dû te parvenir. — 15. *Chacun* a ses *défauts* et son faible : tu as *les tiens,* eux *les leurs* et moi, *les miens.* — 16. *Tout* dépend d'une bonne éducation. — 17. La piété est utile à *tout.* — 18. Soyez polis envers *qui que ce soit.* — 19. *Quelque* bon *que* vous soyez, tâchez de devenir meilleur. — 20. Quel heureux caractère que *le sien !* il ne se plaint de *rien,* ni de *personne.*

20me DEVOIR. — 2me SÉRIE.

1. *Qui vous* a parlé? — 2. *Qui* avez-*vous* rencontré? — 3. *Quelle terrible* nouvelle *on nous* a annnoncée! — *Chacun se* croit plus qu'*il* n'est. — 5. *Chaque* homme a des *devoirs* à remplir. — 6. *Que vous* a fait *cet* homme pour *le* traiter de la sorte? — 7. *Quoi* de *nouveau?* — 8. *Tel* rit aujourd'hui, *qui* pleurera *demain.* — 9. *Quoi* que *vous* disiez, je vous écouterai. — 10. *A qui* adressiez-vous *la* parole? — 11. Contre *qui ton* maître se fâchait-il? — 12. *Tout le monde* a approuvé *votre* conduite, *car elle était louable.* — 13. *Personne* ne se croit *sot.* — 14. *Rien* n'est plus dangereux que l'*orgueil.* — 15. *Quoi* de plus beau que la charité? *elle applanit* le chemin *du* ciel ; *je* dirais *volontiers d'elle* ce *que* disait *un* homme *célèbre* de l'antiquité : que *l'on* n'a réellement que *ce que* l'on a donné. — 16. *Chacun doit* respecter *le* bien d'*autrui.*

20me DEVOIR. — 3me SÉRIE.

SUJET. — LA LUNE.

Personne n'ignore qu'il existe au firmament une planète

qu'on appelle la lune. Chacun peut la voir luire par une belle nuit, et nul ne saurait la considérer sans être saisi d'admiration. Qui ne sait aussi que Dieu, créateur du ciel et de la terre, a destiné spécialement cet astre pour éclairer la terre en l'absence du soleil? Mais ce que plusieurs ignorent, ou plutôt ce dont la plupart ne se rendent pas compte, ce sont les diverses phases par lesquelles passe successivement l'astre des nuits. On nous saura gré d'entrer dans quelques détails sur cette matière. Mais d'abord : qu'est-ce que la lune? C'est (1) un corps opaque (non transparent) qui emprunte sa lumière du soleil, et qui sert de satellite à la terre. Comme certains pourraient ne pas connaître le sens du mot satellite, nous nous empressons de leur dire que, dans le langage des astronomes, on entend par (2) satellites, certains astres qui tournent autour d'une planète quelconque. C'est au moyen du télescope (instrument d'astronomie qui sert à observer les objets éloignés) qu'on a reconnu que la planète Jupiter a quatre satellites; que Saturne en a cinq, et que la terre n'en a qu'un.

(3) On ne pense pas que la lune ait une atmosphère, de sorte que, si quelqu'un était placé à la surface de ce globe, il ne pourrait continuer à vivre; car à quoi l'homme, placé sur la terre, (4) doit-il la continuation de son existence, si ce n'est à l'air dont elle est environnée? C'est par le calcul, que les astronomes sont arrivés à connaître le volume de la lune, et la distance qui la sépare, soit du soleil, soit de la terre. Plusieurs ont reconnu que le volume de la lune n'est que la quarante-neuvième partie du volume de notre globe; que la lune est quatre cents fois plus rapprochée de nous que le soleil, et qu'elle est distante de la terre de quatre-vingt-cinq mille lieues.

Tout prouve que la lune a un mouvement particulier par lequel elle tourne autour de la terre, d'Occident en Orient. Les déplacements perpétuels et les retardements successifs de la lune sont une suite évidente de son mouvement; la diversité de ses phases est un effet tout aussi sensible de ce même mouvement. Mais qu'entend-on par phases de la lune? (5) On veut signifier par là les différentes manières dont la lune présente sa partie éclairée. Quiconque examinerait attentivement les changements qui s'opèrent dans la lune par rapport à la terre, durant les vingt-sept jours environ de sa révolution, en remarquerait facilement les phases. Elle se présente, en effet, tantôt comme un demi-cercle lumineux, tantôt comme un croissant également lumineux, dont les deux pointes sont tournées, d'abord vers l'Orient, au temps où la lune est nouvelle, ainsi que tous le disent; ensuite vers l'Occident, quand elle est vieille. (6) On voit quelquefois toute la partie éclairée, et chacun dit : la lune est pleine. Quand la lune est placée entre le soleil et la terre, elle tourne vers nous toute sa partie obscure : c'est ce qu'on nomme la nouvelle lune.

Tout le monde sait que la lune ne peut être sans deux hémisphères (deux moitiés de sphère, de globe); chacun comprendra alors facilement que, pendant que la lune tourne autour de la terre, l'un de ses hémisphères se trouve. éclairé par le soleil, et que l'autre est alors dans l'ombre. Qui ignore qu'un globe éclairé par le soleil ou par un flambeau, ne peut recevoir la lumière immédiate que sur l'un de ses deux côtés ?

Avis. Indiquer 1° tous les pronoms indicatifs; 2° tous les pronoms relatifs interrogatifs 3° tous les pronoms indéfinis, en suivant la marche indiquée.

Questions. 1° Qu'est-ce que la lune? 2° En quoi la lune est-elle un satellite de la terre ? 3° La lune a-t elle une atmosphère comme la terre ? 4° L'homme pourrait-il vivre dans la lune, en supposant qu'elle soit sans atmosphère? 5° Qu'entend-on par phases de la lune? 6° Quand la lune est-elle pleine? 7° Quand est-elle nouvelle ?

<h2 style="text-align:center">21me LEÇON.</h2>

<h3 style="text-align:center">Du verbe.</h3>

I. Le *verbe* est un mot par lequel on affirme l'existence, ou l'état, ou l'action du sujet. En disant : Dieu *est*, le verbe *est* marque l'existence du sujet, *Dieu*. Dieu *est* puissant; le verbe *est* affirme la qualité, l'état du sujet, *Dieu*. L'homme *adore* Dieu; le verbe *adore* affirme l'action du sujet, *homme*.

II. Le *sujet* du verbe est donc l'objet de l'affirmation marquée par le verbe. C'est le mot qui représente la personne ou la chose faisant ou recevant l'action exprimée par le verbe.

III. On distingue facilement le sujet, en faisant avec le verbe l'interrogation *qui est-ce qui?* pour la personne;

qu'est-ce qui? pour la chose. Le mot de la réponse est le *sujet*. Ex. : L'enfant prie. *Qui est-ce qui* prie? *L'enfant* (sujet). L'aumône *sauve*. *Qu'est-ce qui* sauve? *l'aumône* (sujet).

IV. Tout verbe qui est à un *mode personnel*, c'est-à-dire, à un mode qui admet les différentes personnes dans sa conjugaison, a un sujet exprimé ou sous-entendu. Les modes personnels sont : l'*indicatif*, le *conditionnel*, l'*impératif* et le *subjonctif*. Ils sont personnels, puisqu'on peut les conjuguer avec les pronoms *je, tu, il, elle, nous, vous, ils, elles,* ou bien avec un nom ou un pronom remplaçant *il, elle, ils, elles* : *Je* lis, *tu* liras, *il, elle* aura lu, *nous* avons lu, *vous* lisiez, *ils, elles* auraient lu, ou bien : l'*élève* lit, lira, etc., *les élèves* auront lu, auraient lu etc., *chacun* lira, *ceux-ci* liront, etc.

V. Le verbe s'accorde avec le sujet en nombre et en personne : *je* pense, *nous* pensons, *le roi* commande, *les sujets* obéissent etc. S'il y a deux sujets *apparents* au singulier, le verbe se met au pluriel : *Pierre* et *Paul* jouent. Si les sujets sont de différentes personnes (ce qui arrive quand le verbe a pour sujet un nom et un pronom, ou bien deux pronoms), le verbe s'accorde avec la personne qui a la priorité. La première a la priorité sur les deux autres; la seconde l'a sur la troisième. Ex. : *Paul* et *moi, nous* lisons; *Paul* et *vous, vous* lisez.

Nota. Le verbe ne peut avoir réellement qu'un sujet. Ainsi, quand on dit : Pierre et Paul jouent, c'est comme si on disait : Pierre joue et Paul joue.

VI. A l'exception du verbe *être*, qui marque l'existence, et que, par cette raison, on appelle verbe *substantif*, tous les verbes, comme j'*aime*, tu *dors*, *il sortit, nous irons, ils se flatteront,* etc., se présentent sous une forme composée. Ces verbes, réunissant le verbe *être* et une qualité qui a rapport à une action ou à un état, sont appelés verbes *adjectifs* ou *attributifs*. Ainsi, *j'aime* est pour *je suis aimant; tu dors,* pour *tu es dormant; il sortit,* pour *il fut sortant; nous irons,* pour *nous serons allant; ils se flatteront,* pour *ils seront se flattant. Aimant, dormant, sortant, allant, flattant,* sont des adjectifs ou des attributs qui marquent, les uns un état, les autres une action.

VII. Deux verbes viennent en aide aux verbes adjectifs pour la formation de certains de leurs temps; on les appelle, pour ce motif, verbes *auxiliaires*. Ce sont ; 1° le verbe *être* qui ne peut jamais devenir verbe adjectif : *je suis*, *j'étais*, *je serai*, etc.; 2° le verbe *avoir* qui, étant véritablement verbe adjectif, puisque son sujet fait alors une action, s'emploie néanmoins pour sa propre composition, et pour celle, soit du verbe *être*, soit des verbes adjectifs. Quand je dis : j'ai un livre. J'ai est ici évidemment verbe adjectif, *je suis ayant*, aussi bien que *je possède*, dans ces mots : *je possède* un livre, *je suis possédant*. J'ai a ici toute l'action et la signification de *je possède*. Mais, quand on dit : *j'aurais eu* un livre, le verbe *avoir* est pris comme auxiliaire dans *j'aurais*, et comme verbe adjectif dans *eu*, qui répond ici à *possédé* dans ces mots : *j'aurais possédé* un livre.

VIII. Tout verbe a des temps *simples* et des temps *composés*. Les temps simples sont ceux qui se conjuguent sans le secours des verbes auxiliaires; les temps composés admettent tantôt l'un, tantôt l'autre auxiliaire; quelquefois même les deux. Ainsi, *je lisais*, *il sentira*, *nous recevrons*, etc. sont des temps simples; *j'ai lu*, *il aura senti*, *tu as été reçu*, etc. sont des temps composés.

IX. Il y a quatre *conjugaisons*, qu'on distingue par la terminaison du présent de l'infinitif : la première est terminée en *er*, *aimer*; la seconde, en *ir*, *finir*; la troisième en *oir*, *recevoir*; la quatrième en *re*, *rendre*.

21me DEVOIR. — 1re SÉRIE.

Avis. Indiquer 1° les sujets des verbes à un mode personnel, contenus dans les phrases suivantes, et en faisant pour chacun d'eux l'interrogation de l'article III de la leçon.

2° Les adjectifs qualificatifs avec le nom auquel ils se rapportent ; dire le nombre et le genre.

1. La bonne *éducation* de la jeunesse est le garant le plus sûr du bonheur des familles et des États. — 2. *Un enfant* imprudent et déréglé causera une *grande* tristesse à sa mère. — 3. Par la paresse *l'enfant* contracte des habitudes *vicieuses*. — 4. Par ces *mauvaises* habitudes *il* attire sur lui le mépris et la honte. — 5. *Un enfant sage* et *studieux*

fait la joie de son père. — 6. Par ses vertus et son instruction *il* mérite l'estime de ses semblables. — 7. *L'amour* de ses sujets est pour un souverain la meilleure et la plus sûre garde. — 8. *L'indigence* n'est pas un crime, mais *elle* pousse quelquefois au crime. — 9. *Le bien* que *vous* ferez en vue de Jésus-Christ ne sera jamais perdu pour vous. — 10. Si *les hommes* l'oublient, *Dieu* s'en souviendra, et *il* le récompensera un jour. — 11. *Les louanges* que *les flatteurs* nous accordent et que *nous* ne méritons pas, nous montrent ce que *nous* devrions être. — 12. *Elles* sont pour nous un reproche tacite que *nous* manquons des qualités que *nous* devrions posséder. — 13. *Une action* est bonne ou mauvaise selon qu'*elle* est conforme à la justice, ou qu'*elle* s'en écarte. — 14. *Les vérités* de l'Évangile méritent tout notre respect.

21me DEVOIR. — 2me SÉRIE.

Avis. Transcrire la 21me leçon, et indiquer les sujets des verbes à un mode personnel, au fur et à mesure qu'ils se présenteront ; mettre alors entre parenthèses la question qui est-ce qui ? pour les personnes ; qu'est-ce qui ? pour les choses, faite avec le verbe.

21me DEVOIR. — 3me SÉRIE.

SUJET. — LA CHALEUR.

Nous avons déjà dit que les opérations du soleil peuvent se réduire à trois : (1) il éclaire, il colore, il échauffe. Le soleil éclaire successivement toute la terre, afin que l'homme et les animaux, qui servent l'homme, puissent marcher à la lumière de ce flambeau, quand il la pousse vers eux, et qu'ils aillent prendre leur repos, quand il se cache et cesse de la leur envoyer. Non-seulemcmt il éclaire les objets, mais il les colore : il les caractérise, afin que l'homme les distingue nettement, sans discussion et sans retard. Enfin le soleil, en nous communiquant la lumière et les couleurs, porte encore partout la chaleur et le mouvement, pour faire vivre l'homme, et pour perpétuer tous les soutiens de sa vie, qui ont été placés auprès de lui sur la surface et dans l'intérieur de la terre.

Par la manière dont Dieu a construit et placé le soleil, il en a fait le centre de la dispensation du jour et des couleurs, qui doivent rendre le monde visible ; mais la profonde sagesse de l'Être suprême, qui se plaît à tirer une multitude de grands effets d'un seul et même instrument, (2) a encore destiné l'activité de ce globe merveilleux à distribuer sur toute la terre la juste quantité de chaleur qui y fait vivre l'homme, les animaux et les plantes. Il est vrai que la chaleur ne peut rien créer : les corps organisés ne lui doivent pas leur structure, et les éléments qui nourrissent et agrandissent ces corps organisés, ont aussi leur nature propre, indépendante de la chaleur. (5) Mais c'est avec raison que cette chaleur est appelée vivifiante, puisque Dieu l'a préparée pour mettre les éléments en action, et pour donner aux corps organisés leurs développements, leurs accroissements et leur perfection. (4) C'est cette chaleur qui fait naitre les vents, en dilatant l'air; c'est elle qui, en élevant l'eau, porte partout les rafraîchissements et l'abondance; c'est elle qui fait désirer à l'homme la jouissance du soleil, puisque c'est par elle qu'il leur assure, non-seulement les beaux jours, mais même la respiration et la vie. Nous sentons tous, sans raisonnements, et sans la moindre recherche, les rapports secrets qui se trouvent entre la chaleur du soleil et notre vie. Nous n'estimons nos demeures, qu'autant qu'elles ont l'aspect de cet astre; on se défie de celles qui n'en reçoivent que des regards détournés. Quand elles en sont entièrement privées, nous les comparons à des tombeaux; et c'est parce que le soleil échauffe tout ce qu'il éclaire, que nous l'appelons l'âme de la nature.

Avis. Indiquer tous les sujets des verbes à un mode personnel, en faisant l'interrogation connue. Quand l'adjectif relatif ou un pronom quelconque sera sujet, on aura soin de faire connaître l'antécédent de l'adjectif, ou le nom dont le pronom rappelle l'idée. Ex : *Nous avons déjà dit. Nous,* sujet du verbe avons dit, qui est-ce qui a dit? *Nous,* représente un nom de la 1re pers. du plur. *opérations* — les *opérations,* sujet du verbe peuvent. Qu'est-ce qui peut? *les opérations.* etc.

Questions. 1o Quelles sont les trois principales opérations du soleil? Donnez une explication sur chacune de ces opérations. 2o Faites connaître les motifs pour lesquels Dieu a voulu qu'il en fût ainsi. 3o Pourquoi appelle-t-on vivifiante la chaleur du soleil? 4o Les hommes ajoutent-ils un grand prix à la chaleur du soleil?

22ᵐᵉ LEÇON.

Du Verbe. (*Suite*).

I. Il y a quatres choses à considérer dans la conjugaison du verbe. Ce sont : les *personnes*, les *nombres*, les *temps*, et les *modes*.

NOTA. Dans la grammaire complète nous donnerons une explication étendue sur ces quatre propriétés du verbe. Nous nous bornerons ici aux notions indispensables.

II. Toute conjugaison qui n'est pas défectueuse, a cinq modes; qui sont : l'*indicatif*, le *conditionnel*, l'*impératif*, le *subjonctif* et l'*infinitif*.

L'indicatif renferme *huit* temps ; le conditionnel, *deux ;* l'impératif, *un seul ;* le subjonctif, *quatre ;* l'infinitif, *deux ;* le participe, *trois.*

III. Tous les temps de l'*indicatif*, du *conditionnel* et du *subjonctif* ont deux *nombres*, le singulier et le pluriel. Chaque nombre a trois *personnes.*

IV. L'*impératif* n'a que la 2ᵐᵉ personne du singulier, la 1ʳᵉ et la 2ᵐᵉ du pluriel. La 1ʳᵉ du singulier est évidemment impossible ; la 3ᵐᵉ du singulier et celle du pluriel sont exprimées par les correspondantes du présent du subjonctif.

V. L'*infinitif* n'a ni nombres ni personnes. Le *participe* n'a pas de personnes, mais il admet les nombres et les genres, selon les règles auxquelles il est soumis.

VI. *Conjuguer* un verbe, c'est le réciter ou l'écrire avec ses différentes inflexions et terminaisons de personnes, de nombres, de temps et de modes.

REMARQUE. La conjugaison des verbes *avoir* et *être* est irrégulière, c'est-à-dire qu'elle ne suit pas les règles générales de formation. Il est très-important de la connaître parfaitement, attendu que ces deux verbes, comme nous l'avons déjà dit, servent à former les temps composés de tous les autres verbes. Comme le verbe *avoir* sert à former ses propres temps composés et ceux du verbe *être*, nous commencerons par sa conjugaison.

NOTA. On peut partager ici la leçon, et donner des verbes en devoir.

NOTA. Nous désignons par un astérique (*) tous les temps composés du verbe.

VERBE AUXILIAIRE *AVOIR*.

INDICATIF.

PRÉSENT.

J'ai.
Tu as.
Il *ou* elle a.
Nous avons.
Vous avez.
Ils *ou* elles ont.

IMPARFAIT.

J'avais.
Tu avais.
Il *ou* elle avait.
Nous avions.
Vous aviez.
Ils *ou* elles avaient.

PASSÉ DÉFINI.

J'eus.
Tu eus.
Il *ou* elle eut.
Nons cûmes.
Vons eûtes.
Ils *ou* elles eurent.

* PASSÉ INDÉFINI.

J'ai eu.
Tu as eu.
Il *ou* elle a eu.
Nous avons eu.
Vous avez eu.
Ils *ou* elles ont eu.

* PASSÉ ANTÉRIEUR.

J'eus eu.
Tu eus eu.
Il *ou* elle eut eu.
Nous eûmes eu.
Vous eûtes eu.
Ils *ou* elles eurent eu.

* PLUS-QUE-PARFAIT.

J'avais eu.
Tu avais eu.
Il *ou* elle avait eu.
Nous avions eu.
Vous aviez eu.
Ils *ou* elles avaient eu.

FUTUR.

J'aurai.
Tu auras.
Il *ou* elle aura.
Nous aurons.
Vous aurez.
Ils *ou* elles auront.

* FUTUR ANTÉRIEUR.

J'aurai eu.
Tu auras eu.
Il *ou* elle aura eu.
Nous aurons eu.
Vous aurez eu.
Ils *ou* elles auront eu.

CONDITIONNEL.

(1) PRÉSENT OU FUTUR.

J'aurais.
Tu aurais.
Il *ou* elle aurait.
Nous aurions.
Vous auriez.
Ils *ou* elles aurait.

* PASSÉ.

J'aurais eu.
Tu aurais eu.
Il *ou* elle aurait eu.
Nous aurions eu.
Vous auriez eu.
Ils *ou* elles auraient eu.

---

(1) Nous avons cru devoir donner cette double dénomination de présent ou futur, à ce temps du conditionnel, de l'impératif et du subjonctif, parce qu'il peut être pris dans un sens présent ou futur, selon l'acception que lui donne celui qui l'emploie.

<table>
<tr><td>

** OU BIEN :*

J'eusse eu.
Tu eusses eu.
Il *ou* elle eût eu.
Nous eussions eu.
Vous eussiez eu.
Ils *ou* elles eussent eu.

IMPÉRATIF.

PRÉSENT OU FUTUR.

Aie.
Ayons.
Ayez.

SUBJONCTIF.

PRÉSENT OU FUTUR.

Que j'aie.
Que tu aies.
Qu'il *ou* qu'elle ait.
Que nous ayons.
Que vous ayez.
Qu'ils *ou* qu'elles aient.

IMPARFAIT.

Qne j'eusse.
Que tu eusses.
Qu'il *ou* qu'elle eût.
Que nous eussions.
Qne vous eussiez.
Qu'ils *ou* qu'elles eussent.

</td><td>

** PASSÉ.*

Que j'aie eu.
Que tu aies eu.
Qu'il *ou* qu'elle ait eu.
Que nous ayons eu.
Que vous ayez eu.
Qu'ils *ou* qu'elles aient eu.

** PLUS-QUE-PARFAIT.*

Que j'eusse eu.
Que tu eusses eu.
Qu'il *ou* qu'elle eût eu.
Que nous eussions eu.
Que vous eussiez eu.
Qu'ils *ou* qu'elles eussent eu.

INFINITIF.

PRÉSENT.

Avoir.

** PASSÉ.*

Avoir eu.

PARTICIPE.

PRÉSENT.

Ayant.

PASSÉ.

Eu, et au passif eu, cue, eus, çues.

** PASSÉ ANTÉRIEUR.*

Ayant eu.

</td></tr>
</table>

La 1re et la 2me personne du singulier ; la 1re et la 2me du pluriel ne peuvent admettre d'autres sujets que les pronoms personnels *je, tu, nous, vous,* tandis qu'on peut dire à la 3me personne du singulier : *il, elle, on, quelqu'un, chacun* etc., *l'enfant, le cheval, l'arbre,* etc. a, est, vit, résiste et à la 3me personne du pluriel : *ils, elles, tous, plusieurs, quelques-uns,* etc., *les enfants, les chevaux, les arbres,* etc. ont, sont, vivent, résistent etc. Pour plus de brièveté, nous avons mis *il, ils, elle, elles;* l'élève saura facilement suppléer.

VERBE AUXILIAIRE *ÊTRE*.

INDICATIF.

PRÉSENT.

Je suis.
Tu es.
Il *ou* elle est.
Nous sommes.
Vous êtes.
Ils *ou* elles sont.

IMPARFAIT.

J'étais.
Tu étais.
Il *ou* elle était.
Nous étions.
Vous étiez.
Ils *ou* elles étaient.

PASSÉ DÉFINI.

Je fus.
Tu fus.
Il *ou* elle fut.
Nous fûmes.
Vous fûtes.
Ils *ou* elles furent.

* PASSÉ INDÉFINI.

J'ai été.
Tu as été.
Il *ou* elle a été.
Nous avons été.
Vous avez été.
Ils *ou* elles ont été.

* PASSÉ ANTÉRIEUR.

J'eus été.
Tu eus été.
Il *ou* elle eut été.
Nous eûmes été.
Vous eûtes été.
Ils *ou* elles eurent été.

* PLUS-QUE-PARFAIT.

J'avais été.
Tu avais été.
Il *ou* elle avait été.
Nous avions été.
Vous aviez été.
Ils *ou* elles avaient été

FUTUR.

Je serai.
Tu seras.
Il *ou* elle sera.
Nous serons.
Vous serez.
Ils *ou* elles seront.

* FUTUR ANTÉRIEUR.

J'aurai été.
Tu auras été.
Il *ou* elle aura été.
Nous aurons été.
Vous aurez été.
Ils *ou* elles auront été.

CONDITIONNEL.

PRÉSENT OU FUTUR.

Je serais.
Tu serais.
Il *ou* elle serait.
Nous serions.
Vous seriez.
Ils *ou* elles seraient.

* PASSÉ.

J'aurais été.
Tu aurais été.
Il *ou* elle aurait été.
Nous aurions été.
Vous auriez été.
Ils *ou* elles auraient été.

* OU BIEN :

J'eusse été.
Tu eusses été.
Il *ou* elle eût été.
Nous eussions été.
Vous eussiez été.
Ils *ou* elles eussent été.

IMPÉRATIF.

PRÉSENT OU FUTUR.

Sois.
Soyons.
Soyez.

SUBJONCTIF.

PRÉSENT OU FUTUR.

Que je sois.
Que tu sois.
Qu'il *ou* qu'elle soit.
Que nous soyons.
Que vous soyez.
Qu'ils *ou* qu'elles soient.

IMPARFAIT.

Que je fusse.
Que tu fusses.
Qu'il *ou* qu'elle fût.
Que nous fussions.
Que vous fussiez.
Qu'ils *ou* qu'elles fussent.

* PASSÉ.

Que j'aie été.
Que tu aies été.
Qu'il *ou* qu'elle ait été.
Que nous ayons été.
Que vous ayez été.
Qu'ils *ou* qu'elles aient été.

* PLUS-QUE-PARFAIT.

Que j'eusse été.
Que tu eusses été.
Qu'ils *ou* qu'elle eût été.
Que nous eussions été.
Que vous eussiez été.
Qu'ils *ou* qu'elles eussent été.

INFINITIF.

PRÉSENT.

Être.

* PASSÉ.

Avoir été.

PARTICIPE.

PRÉSENT.

Étant.

PASSÉ.

Été.

* PASSÉ ANTÉRIEUR.

Ayant été.

Nous attirons, d'une manière toute particulière, l'attention des élèves, 1° sur la 1re et la 2me personne du pluriel des passés définis dans toutes les conjugaisons actives : les voyelles *a*, *i*, et *u*, prennent toujours alors, à la terminaison, un accent circonflexe : nous eûmes, vous eûtes; nous fûmes, vous fûtes; nous aimâmes, vous aimâtes; nous finîmes, vous finîtes; nous reçûmes, vous reçûtes; nous rendîmes, vous rendîtes. 2° Sur la 3me personne du singulier de l'imparfait du subjonctif, où les mêmes voyelles prennent le même accent circonflexe : qu'il eût, qu'il fût, qu'il aimât, qu'il finît, qu'il reçût, qu'il rendît.

Les verbes auxiliaires admettent ce même accent dans la composition soit active, soit passive : il eût aimé, nous eûmes aimés, vous eûtes aimé, qu'il eût été aimé, nous fûmes aimés, vous fûtes aimés, qu'il fût aimé.

Avis important. Il serait très-utile que, dès à présent, les élèves connussent parfaitement les verbes qui servent de paradigmes pour les conjugaisons; ils n'éprouveraient ainsi aucun embarras pour la confection des devoirs suivants, qui devront nécessairement rouler sur toutes les parties qui constituent la conjugaison.

22ᵐᵉ DEVOIR. — 1ʳᵉ SÉRIE.

Avis. 1º Transcrire les temps suivants, et désigner à la suite de chacun d'eux la personne, le nombre, le temps, le mode.

Tu seras; il aura été; vous êtes; ayant; qu'il eût; qu'ils fussent; tu as été; vous aviez; elle aura; tu auras eu; ils avaient eu; tu aurais été; que tu eusses été; que vous ayez eu; ayons; tu aurais; que nous fussions; que tu aies été; que tu aies; que vous eussiez été; avoir; ayant eu; étant; que nous ayons eu; il serait; ils ont été; tu aurais, nous serions; nous aurions été; vous étiez; sois; que vous soyez; nous avions été; nous avions eu; avoir eu; que vous ayez été; être; que vous eussiez eu; qu'ils soient; soyons; qu'ils eussent eu; il a été; il a; vous aviez eu; ils auront; ils eurent; elle eût eu; elles eussent eu; qu'elles eussent; elles eurent eu; elles avaient; elles auront eu; qu'il fût; nous eûmes; il eût été.

2º Remplacer par un nom, tous les pronoms de la 3ᵐᵉ personne qu. précèdent les verbes inscrits ci-dessus. Le nom sera masculin ou féminin, pluriel ou singulier, selon le genre et le nombre du pronom. Ce devoir sera indépendant de celui qui est tracé dans le 1º.

22ᵐᵉ DEVOIR. — 2ᵐᵉ SÉRIE.

Avis. — 1º Faire quatre catégories des verbes suivants, en faisant connaitre à la suite de chacun d'eux, la personne, le nombre, le temps, le mode. Dans la 1ʳᵉ catégorie seront les temps simples ; dans la 2ᵐᵉ, les temps composés avec l'auxiliaire avoir; dans la 3ᵐᵉ, les temps composés avec l'auxiliaire être ; dans la 4ᵐᵉ, les temps composés avec les deux auxiliaires : Suivre par ordre.

Je vois; que j'eusse choisi; je serai envoyé; vous avez été engagé; il a régné; il aurait été élu ; que nous ayons prié; vous prierez; il sera embarrassé; vous liriez; lisez; il est parti ; qu'ils eussent été conseillés; vous auriez travaillé; travaillons; vous avez fini ; il s'était empressé ; ils se louaient; ils se sont loués; nous avions été encouragés; il nous récompensera ; ils eussent acheté; il ne sera plus rétabli; avoir chanté ; chantant, ayant rendu; que tu eusses été invité; qu'il eût voyagé; nous nous sommes repentis ; il se repentira; que nous fussions; nous eûmes; il a été construit ; il serait démoli; il aurait été reconstruit; que tu eusses été; vous serez; avoir eu; il était venu; nous nous étions promenés; vous auriez remarqué.

2º **Donner** la 1re et la 2me personne du pluriel du passé défini des verbes suivants :

Blâmer; adoucir; arroser; apercevoir; partir; jouer; prétendre; assurer; construire; aller; voir; découvrir; étudier; lire; venir; retenir; louer; courir; travailler; prendre; acheter; traîner; nager; amener; saisir; envahir; recevoir; valoir; assaillir; sauver; menacer; écrire; sourire; démolir.

22me DEVOIR. — 5me SÉRIE.

SUJET. — LA NUIT.

Dans l'esprit de bien des gens, la nuit semble être quelque chose; mais en réalité elle n'est rien. Quand elle est arrivée, et que ses ombres sont épandues autour de nous, voici tout simplement ce qui a lieu : (1) c'est parce qu'il y a eu interruption du mouvement de la lumière vers nos yeux.

Les œuvres de Dieu ont, toutes, un cachet de sagesse infinie ; et notre bonheur a toujours été et sera toujours le mobile de sa conduite à notre égard. Si l'homme avait bien compris cette vérité, il se serait, en tout temps, montré beaucoup plus reconnaissant envers celui qui a été si grand et si généreux dans tout ce qu'il a fait pour sa créature raisonnable.

Dieu, lorsqu'il a établi cette succession de jour et de nuit, qui a lieu si régulièrement, a voulu que la nuit fût pour l'homme un enseignement continuel. Et, en effet, (2) la nuit, en nous ôtant la vue et l'usage de la nature, ne nous a-t-elle pas souvent rappelé ce néant duquel Dieu a fait sortir tous les êtres, duquel nous sommes sortis nous-mêmes, tous tant que nous sommes? Car, il est vrai de dire que la nuit nous remet, en quelque sorte, dans cet état de ténèbres et d'imperfection qui a précédé la création de la lumière. A-t-on jamais mieux senti le mérite de la santé, qu'après avoir essuyé une maladie grave qui avait abattu le corps? Ainsi la nuit qui, en un sens, avait anéanti pour nous tout l'univers, dont, la veille, nous avions eu sous nos yeux le magnifique spectacle, est plus propre que quoi que ce soit à nous faire connaître le prix inestimable du jour.

Mais Dieu n'a pas seulement destiné la nuit à relever par

ses ombres les beautés qui nous sont offertes par le grand tableau du monde, et à nous rendre, ou plus humbles par la vue des ténèbres qui nous sont naturelles, ou plus reconnaissants par le retour d'une lumière qui ne nous est pas due; (3) mais il a voulu encore que les hommes trouvassent dans le repos, auquel ils sont invités par la présence de la nuit, une abondante compensation des jouissances dont ils sont privés tous les jours durant plusieurs heures, lorsqu'elle nous a retiré l'usage de la lumière et de la vue de l'univers. Et c'est encore ici le cas de dire que tout ce que Dieu a fait, a été fait pour l'avantage de sa créature privilégiée.

L'homme est né pour le travail; c'est sa vocation et son état. Mais, pour suffire aux exigences de ce travail, et dans la crainte que son corps ne soit enfin jeté dans la langueur et l'épuisement, (4) l'homme doit accorder à ce corps les nourritures qui lui sont nécessaires. Ce n'est pas tout encore : il faut que ces nourritures soient digérées, et que le produit de la digestion soit répandu dans tout le corps. Or, comment toutes ces fonctions pourraient-elles avoir lieu, si le corps était toujours en action? Il est alors indispensable que, parfois, le travail de la tête soit interrompu, et que l'exercice des bras et des pieds soit arrêté, afin que la chaleur et les esprits qui étaient répandus à l'extérieur par suite du travail, ne soient plus employés qu'à aider les fonctions de l'estomac, pendant l'inaction des autres parties du corps.

(5) Si le travail est nécessaire à l'homme, celui-ci a pareillement un très-grand besoin de repos. (6) La nuit semble avoir été chargée d'assurer ce repos au roi de la nature. Elle fait partout respecter son sommeil : (7) quand le moment est venu, le tumulte cesse, tout se retire; et, durant plusieurs heures, il règne dans sa demeure un calme universel. Dieu, qui s'est réservé la dispensation de ce repos, qu'il sait être une des conditions de l'existence humaine, a choisi la nuit comme le temps et le moyen les plus propres pour amener le sommeil et pour en régler la durée.

Avis. En transcrivant, s'arrêter sur les verbes *avoir* et *être*. Dire 1° si *avoir* est employé comme verbe adjectif ou comme verbe auxiliaire.

2° A quelle personne, à quel nombre, à quel temps, à quel mode il se trouve soit seul, soit en composition. Agir de même pour le verbe *être*, dire s'il est substantif ou auxiliaire, etc.

QUESTONS 1° Qu'est-ce que la nuit? 2° Quel enseignement nous donne la nuit? 3° Quel avantage procure-t-elle à l'homme? 4° A quelles conditions l'homme peut-il suffire à ses travaux? 5° Le repos est-il nécessaire pour l'accomplissement de ces conditions? 6° Quel est le temps fixé par le Créateur pour ce repos? 7° A quoi la nuit est-elle plus propre que le jour?

25ᵐᵉ LEÇON.

Du verbe adjectif ou attributif.

I. On distingue cinq sortes de verbes adjectifs ou attributifs: les verbes *actifs transitifs;* les verbes *passifs;* les verbes *neutres* ou *actifs intransitifs;* les verbes *pronominaux* et les verbes *impersonnels.*

II. Les verbes *actifs* prennent le nom de *transitifs,* et les verbes *neutres,* celui d'*intransitifs,* pour des raisons que nous expliquerons plus tard. Les premiers ont, ou peuvent avoir, un complément direct; les seconds ne peuvent jamais avoir ce complément.

III. Il y a deux *voix* dans les verbes: 1° la voix *active,* qui exprime une action faite par le sujet: Dieu *a créé* le monde. Le verbe, *a créé,* est à la voix active, car il marque l'action faite par le sujet, *Dieu,* celle d'avoir créé le monde. 2° La voix *passive,* qui exprime une action soufferte, reçue par le sujet: Le monde *a été créé* par Dieu. Le verbe, *a été créé,* est à la voix passive, attendu qu'il marque l'action soufferte par le sujet, le *monde,* celle d'avoir été créé par Dieu.

NOTA. On voit par ces deux exemples que l'actif peut être changé en passif, et réciproquement. On ne pourrait agir de la sorte avec le verbe neutre ou actif intransitif, qui n'a jamais un complément direct. Nous donnons plus loin des explications à ce sujet.

Du verbe actif transitif.

IV. Le verbe *actif transitif* est celui dont le sujet fait une action qui s'exerce directement sur un objet, auquel on donne le nom de *complément direct* du verbe. Tout verbe actif transitif a ce complément, ou du moins est susceptible de l'avoir: *Tu* aimes *l'étude; l'enfant* aime *l'étude.* Les sujets *tu* et *l'enfant* font une action, qui est celle d'aimer, et cette action de ces deux sujets s'exerce directement sur le complément du verbe, qui est *l'étude*; donc le verbe aimer est actif transitif.

V. Le *complément direct* d'un verbe est le mot sur lequel passe directement l'action exprimée par le verbe. On distingue ce complément, en faisant, avec le verbe, l'interrogation *qui?* pour les personnes, et *quoi?* pour les choses. Le mot de la réponse est le complément direct : Vous respectez *vos parents*; *qui respectez-vous? vos parents* (compl. dir.); il pratique *la vertu;* il pratique *quoi?* ou bien. *que* pratique-t-il ? *la vertu* (comp. dir.)

VI. Outre le complément direct, le verbe peut avoir un complément *indirect*. Ce complément est le mot sur lequel passe indirectement, à l'aide d'une préposition, l'action exprimée par le verbe. Ex : Vous faites le bien *à ce malheureux ;* à qui faites-vous le bien ? *à ce malheureux* (complément indirect).

Le, la, les, pronoms personnels, et *que,* soit adjectif dét. relatif, soit pronom relatif interrogatif, sont toujours compléments directs du verbe actif transitif, lorsqu'ils le précèdent. *Lui, leur, dont, en, y,* sont compléments indirects. *Me, te, se, nous, vous,* sont tantôt compléments directs, tantôt compléments indirects.

VII. On reconnaît facilement qu'un verbe est actif transitif, en plaçant après lui les compléments directs *quelqu'un* ou *quelque chose: vaincre, frapper, lire* sont des verbes actifs transitifs, car on peut dire: vaincre *quelqu'un,* frapper *quelqu'un,* lire *quelque chose;* ce qu'on ne pourrait faire avec *partir, aller, nuire,* qui sont des verbes appartenant, à la vérité, à la voix active, mais neutres, non susceptibles, par conséquent, d'avoir un complément direct. On ne dira pas : partir *quelqu'un,* aller *quelque chose,* nuire *quelqu'un, partir, aller, nuire* sont des verbes neutres.

25me DEVOIR. — 1re SÉRIE.

Avis. 1º Copier, dès à présent, aimer, finir, recevoir, rendre, donnés comme paradigmes (modèles) des quatre conjugaisons.

2º Indiquer si les verbes contenus dans les phrases suivantes sont actifs ou passifs. Donnez-en la raison en faisant connaître les sujets et les compléments directs.

1. La tour a été incendiée. — 2. Le chat a mangé la souris. — 2. La grêle a ravagé les récoltes. — 5. Les campagnes

ont été ravagées. — 4. L'écolier a récité la leçon. — Il a fait un long devoir. — 5. Les ouvriers ont construit une cathédrale. — 6. L'histoire amuse le lecteur. — 7. Elle l'instruit. — 8. Les marins craignent la tempête. — 9. Les chats redoutent l'eau. — 10. Un bon cœur ne connaît pas l'égoïsme. — 11. Vous avez reçu une magnifique récompense. — 12. Les écoliers paresseux détestent l'étude. — 13. Ils aiment beaucoup le jeu. — 14. Le maître attentif corrige les défauts de ses écoliers. — 15. Nous lirons votre ouvrage. — 16. J'aime les fleurs, et je les cultive.

23me DEVOIR. — 2me SÉRIE.

Avis. 1º Changer le passif en actif, l'actif en passif avec sujet et complément, de manière que la phrase soit aussi convenable que possible après ce changement.

1. Les fruits mûrs ont été cueillis par l'horticulteur. — 2. Nos valeureux soldats ont défendu la patrie en danger. — 3. L'honnête homme est estimé de ses concitoyens. — 4. L'orage qui nous menaçait, a été dispersé subitement par le vent. — 5. Cet orateur a prononcé un discours très-éloquent. — 6. L'homme a été comblé de biens par le Créateur. — 7. Les premiers rois des Francs portaient une longue chevelure. — 8. Ce jeune enfant a surpris un brillant papillon. — 9. Cet écolier a été instruit par un habile maître. — 10. Le courage de ce guerrier, a été loué, sera loué, aurait été loué par tous les hommes amis de la patrie.

2º Faire connaître les temps primitifs de chacun des verbes ci-dessus, soit actifs, soit passifs ; en donner à la suite les 1re et 2me personnes plurielles des passés définis, tant à l'actif qu'au passif.

3º Faire connaître, à la suite de chaque verbe, la 3me pers. sing. et la 3me pers. plur. de l'imparfait du subjonctif.

Renouveler ; pouvoir ; rire ; prendre ; accepter ; renouer ; rompre ; admettre ; avoir ; humilier ; tolérer ; cueillir ; assouvir ; étancher ; égayer ; projeter ; empiéter ; prévoir ; comprendre ; menacer ; diriger ; faire ; écrire ; convaincre ; mourir ; vivre.

23me DEVOIR. — 3me SÉRIE.

SUJET. — L'HOMME.

La première leçon *que nous donne la Sainte-Écriture* sur la supériorité qui a été accordée à l'homme par le Créateur, se trouve dans l'ordre même dans lequel Dieu a fait ses œuvres. (1) Il prépare un logement dans lequel il suspend les luminaires dont l'habitant aura besoin ; il y distribue différents genres de beautés et de commodités ; il y assigne à un grand nombre de domestiques leurs places et leurs fonctions ; il y introduit enfin l'homme.

Le repos du Seigneur, (ce repos est la cessation de toute œuvre nouvelle), après qu'il a mis sur la terre une créature intelligente, nous fait assez connaître l'héritier ou le possesseur de toutes les choses créées. L'Écriture nous instruit nettement des intentions du Créateur, en nous apprenant que *Dieu a fait l'homme à son image,* puisqu'il le destinait à gouverner la terre. *Dieu ne tira pas l'homme* du néant par une parole, comme le reste des animaux ; mais il employa une masse de terre pour en construire les organes de son corps. Il en forma une belle statue qu'il *qu'il laissa* quelque temps sans vie, sans intelligence et inutile à tout. Ce n'est pas là l'image de Dieu, ce n'est pas là le gouverneur qu'il destine à la terre.

Jusqu'ici le bélier, qui bondit sur l'herbe, et le cerf, qui s'élance dans la plaine, sont plus estimables que cette masse immobile. Elle aurait même, comme les animaux, la respiration et la vie, qu'elle leur serait encore inférieure. Presque tous la devanceront à la course. Nue et sans armes, comment pourrait-elle se garantir des serres de l'aigle, de la dent du lion et de la trompe de l'éléphant ?

Tout change au moment où Dieu anime cette statue, et qu'il lui (3) accorde le don de la raison : par elle l'homme est pourvu de tout ; par elle il ne reconnait de supériorité que celle de son Créateur, et il en exerce une véritable sur les dehors et sur les dedans de la terre, qui l'invite lui seul à tout examiner et à tout essayer. S'il quitte cette terre, ce sont toutes richesses perdues. L'homme est né pour gouverner. Celui *qui porte le sceptre,* et celui *qui manie une houlette,* sont de véritables gouverneurs.

Prenons un homme qui a fait le sacrifice de sa liberté pour servir son semblable. Dira-t-on pour cela qu'il a renoncé à sa qualité de gouverneur? (4) N'eût-il que le gouvernement d'une porte, le soin d'une cuisine, celui du linge ou des légumes, il exerce sa prévoyance, sa patience et sa dextérité. Il gouverne ; il est utile et estimable : c'est un homme. (5) Mais dès qu'il cesse de gouverner, il dégénère : la raison et la vertu deviennent stériles en lui ; il reprend alors le premier état de l'homme ; il n'est plus comparable qu'à une masse de boue, ou tout au plus, il est une belle statue, une vaine idole.

Ces idées *qui honorent tant l'homme*, découlent d'une part, très-naturellement, des deux mots par lesquels l'Écriture nous instruit de notre prééminence et de notre ressemblance avec le souverain Maître de toutes choses ; et de l'autre, elles sont évidemment conformes à l'expérience, qui soumet à l'homme seul les poissons, les oiseaux, les animaux terrestres et toute la généralité des productions de la nature. Mais il ne suffit pas de saisir ces vérités d'une première vue ; c'est en descendant dans le détail des différents exercices du domaine de l'homme, que nous apprendrons à connaître nos droits et à les faire mieux valoir.

Avis. En transcrivant, indiquer entre parenthèses, 1º le sujet de tout verbe à un mode personnel ; 2º le complément direct de tout verbe actif : si ce complément est un adjectif relatif ou un pronom, on le remplace par le nom auquel il est joint ou dont il rappelle l'idée. 3º rendre par le passif les verbes actifs désignés par des lettres italiques, de telle sorte que le sujet du verbe actif transitif devienne le complément du verbe passif, manifesté par la préposition *par* ou *de*, et que le verbe passif ait pour sujet le complément direct du verbe actif. Ex : *que nous donne la Sainte-Écriture* (qui — la leçon — nous est donnée par la Sainte-Écriture).

Nota. Il est bon de remarquer que, dans ces mots *que nous donne la Sainte-Écriture*, le complément direct *que*, ayant pour antécédent *leçon*, est placé avant le verbe, et que le sujet *la Sainte-Écriture* est après le verbe, contrairement à la construction naturelle. C'est ce qu'on appelle l'*inversion*, figure grammaticale assez fréquente.

Questions. 1º Avant de former l'homme, Dieu avait-il tout préparé pour le placer sur la terre ? 2º Qu'entendez-vous par ce logement, ces luminaires, ces beautés, ce grand nombre de domestiques ? 3º Que fallait-il à l'homme pour devenir supérieur au reste de la création ? 4º L'homme même réduit à la plus basse condition, exerce-t-il néanmoins le droit qu'il a reçu de gouverner ? 5º Que devient-il quand il cesse de gouverner ?

24ᵐᵉ LEÇON.
De la conjugaison des verbes.

1. On distingue dans les verbes, quant à leur formation, deux sortes de temps : les temps *primitifs*, et les temps *dérivés*. Les premiers sont ceux qui servent à former les

seconds. On appelle ceux-ci *dérivés*, parce que, étant formés des temps *primitifs*, ils en dérivent. Les temps primitifs sont au nombre de cinq : le *présent de l'infinitif*; le *participe présent* ; le *participe passé*; le *présent de l'indicatif* et le *passé défini*. Les autres temps du verbe sont les temps dérivés.

Tous les verbes français sont caractérisés au présent de l'infinitif par l'une des quatre terminaisons *er*, *ir*, *oir*, *re*. La terminaison *er* représente les verbes de la première conjugaison, comme *aimer; ir*, ceux de la deuxième, comme *finir; oir*, ceux de la troisième, comme *recevoir; re*, ceux de la quatrième, comme *rendre*.

Voici les lettres et les syllabes qui caractérisent généralement les différentes personnes des temps simples.

S, 2ᵉ pers. sing. — T, 3ᵉ pers. sing. — ONS, 1ʳᵉ pers. plur. — EZ, 2ᵉ pers. plur. — NT, 3ᵉ pers. plur.

PREMIÈRE CONJUGAISON EN *ER*.

TEMPS PRIMITIFS.

Prés. inf. *aimer;* part. prés. *aimant;* part. passé, *aimé;* prés. ind. *j'aime* ; passé déf. *j'aimai.*

INDICATIF.

PRÉSENT.	* PASSÉ INDÉFINI.
J'aim e.	J'ai aim é.
Tu aim es.	Tu as aim é.
Il *ou* elle aim e.	Il *ou* elle a aim é.
Nous aim ons.	Nous avons aim é.
Vous aim ez.	Vous avez aim é.
Ils *ou* elles aiment.	Ils *ou* elles ont aimé.

IMPARFAIT.	* PASSÉ ANTÉRIEUR.
J'aim ais.	J'eus aim é.
Tu aim ais.	Tu eus aim é.
Il *ou* elle aim ait.	Il *ou* elle eut aim é.
Nous aim ions.	Nous eûmes aim é.
Vous aim iez.	Vous eûtes aimé.
Ils *ou* elles aim aient.	Ils *ou* elles eurent aim é.

PASSÉ DÉFINI.	* PLUS-QUE-PARFAIT.
J'aim ai.	J'avais aim é.
Tu aim as.	Tu avais aim é.
Il *ou* elle aim a.	Il *ou* elle avait aim é.
Nous aim âmes.	Nous avions aim é.
Vous aim âtes.	Vous aviez aim é.
Ils *ou* elles aim èrent.	Ils *ou* elles avaient aim é.

FUTUR.

J'aim erai.
Tu aim eras.
Il *ou* elle aim era.
Nous aim erons.
Vous aim erez.
Ils *ou* elles aim eront.

* FUTUR ANTÉRIEUR.

J'aurai aim é.
Tu auras aim é.
Il *ou* elle aura aim é.
Nous aurons aim é.
Vous aurez aim é.
Ils *ou* elles auront aim é.

CONDITIONNEL.

PRÉSENT OU FUTUR.

J'aim erais.
Tu aim erais.
Il *ou* elle aim erait.
Nous aim erions.
Vous aim eriez.
Ils *ou* elles aim eraient.

* PASSÉ.

J'aurais aim é.
Tu aurais aim é.
Il *ou* elle aurait aimé.
Nous aurions aim é.
Vous auriez aim é.
Ils *ou* elles auraient aim é.

* OU BIEN.

J'eusse aim é.
Tu eusses aim é.
Il *ou* elle eût aim é.
Nous eussions aim é.
Vous eussiez aim é.
Ils *ou* elles eussent aim é.

IMPÉRATIF.

PRÉSENT OU FUTUR.

Aim e.
Aim ons.
Aim ez. (1)

SUBJONCTIF.

PRÉSENT OU FUTUR.

Que j'aim e.
Que tu aim es.
Qu'il *ou* qu'elle aime.
Que nous aim ions.
Que vous aim iez.
Qu'ils *ou* qu'elles aim ent.

IMPARFAIT.

Que j'aim asse.
Que tu aim asses.
Qu'il *ou* qu'elle aim ât.
Que nous aim assions.
Que vous aim assiez.
Qu'ils *ou* qu'elles aim assent.

* PASSÉ.

Que j'aie aim é.
Que tu aies aim é.
Qu'il *ou* qu'elle ait aim é.
Que nous ayons aim é.
Que vous ayez aim é.
Qu'ils *ou* qu'elles aient aimé.

* PLUS-QUE-PARFAIT.

Que j'eusse aim é.
Que tu eusses aim é.
Qu'il *ou* qu'elle eût aim é.
Que nous eussions aim é.
Que vous eussiez aimé.
Qu'ils *ou* qu'ils eussent aimé.

---

(1) Les quatre conjugaisons peuvent admettre à l'impératif un passé antérieur : *aie aimé, fini, reçu, rendu; ayons, ayez aimé, fini, reçu, rendu.* Toutefois l'emploi en étant peu fréquent, nous n'en faisons pas mention dans l'exposé de la conjugaison. Cette expression peut-être aussi employée, mais plus rarement, dans les verbes *avoir* et *être.*

<table>
<tr><td>

INFINITIF.

PRÉSENT.

Aim er.

* PASSÉ.

Avoir aim é.

</td><td>

PARTICIPE.

PRÉSENT.

Aim ant.

PASSÉ.

Aim é. (1)

* PASSÉ ANTÉRIEUR.

Ayant aim é.

</td></tr>
</table>

Conjuguez de même les verbes *donner, sauter, demander, rajouter, chercher, chanter, flatter, redouter, inventer, désirer, travailler; frapper; armer,* etc. Tous ces verbes, et une multitude d'autres, n'éprouvent aucun changement dans leur orthographe. Mais il en est un certain nombre, comme *appeler, céler, payer, juger, menacer,* et tous ceux qui se trouvent dans le même cas , et que l'usage fera connaître, pour lesquels nous devrions faire une observation particulière. Nous y reviendrons en temps et lieu.

Nota. On remarquera une séparation dans toutes les personnes du verbe ; dans *aimer,* par exemple, *aim* est séparé de *er*, dans j'aime, j'aimais *e* et *ais* sont encore séparés de *aim.* C'est la *terminaison* séparée du *radical.* Le radical est la partie invariable du verbe ; la terminaison varie selon le cas.

Dans la 1re pers. plur. *n* est mis pour *nous*; dans la 2me pers. plur. *v* est mis pour *vous.*

24me DEVOIR. — 1re SÉRIE.

Avis. 1° Conjuguer sur aimer les trois verbes *donner, demander, chercher.*

2° Indiquer la personne, le nombre, le temps et le mode des verbes suivants.

Nous avons parlé; ils ont existé; vous redouterez; qu'il eût gouverné; qu'ils gouvernassent; nous disposâmes; qu'il ait criblé; vous occupâtes; ils chassaient; adressant; ayant admiré; vous admireriez; nous eûmes présenté; nous eussions armé; qu'il eût interprété; jouons; il travaillera ; ils veilleraient; il aura édifié; nous aurions secondé; tu eus exécuté; que tu eusses placé; qu'ils aient rampé; il propor-

(2) Le partcipe passé du verbe actif est invariable ; il n'y a accord que lorsqu'il est pris dans le sens passif.

tionnerait; tu avais trouvé; il aurait chanté; annoncez; vous activâtes; qu'il ressemblât; tu trompais; ils désireront; tu environneras; distingue; plantez; qu'il arrose; qu'ils examinassent; avoir étudié; que vous eussiez donné; ayant annoncé.

3° **Mettre** à la 3me personne sing. et à la 3me personne plur. du futur antérieur les verbes suivants : arroser, deviner; encourager; épier; favoriser; demander; interroger; commencer; souhaiter; reposer; consolider; renverser; errer.

24me DEVOIR. — 2me SÉRIE.

Avis. 1° Changer en pluriel les sujets qui sont au singulier, avec l'accord du verbe.

1. L'orage aura causé de grands ravages, — 2. La rose exhale un parfum délicieux. — 3. Votre mérite sera reconnu de vos supérieurs. — 4. L'oiseau vole, volera, volerait. — 5. L'histoire récréé, aurait récréé. — 6. Étudie ta leçon, si tu veux que ton maître te loue et te récompense. — 7. Si tu es malade, tu te guériras par la diète. — 8. Le bien mal acquis ne profite jamais. — 9. L'écolier studieux n'imite pas celui qui perd son temps.

2° Faire connaître la personne, le nombre, le temps, le mode de tous les verbes employés dans les phrases ci-dessus. Cet exercice n'aura lieu que pour le pluriel après le changement.

3° Changer le passif en actif, l'actif en passif avec sujet et complément, selon le cas.

1. Tous ceux qui ont été entendus par le juge, ont déclaré la vérité. — 2. Une victoire éclatante a été remportée par nos soldats; le peuple les a appelés sauveurs de la patrie, et le chef de l'État leur a accordé des récompenses bien méritées. — 3. Que vos parents soient honorés par vous, et vous serez bénis par eux. — 4. Cette immense forêt, qui avait été achetée par ce riche propriétaire, a été coupée par mille bûcherons. — 5. Nous avons été engagés par notre professeur à lire les livres que lui a prêtés un de ses amis. — 6. Secourez les pauvres, et Dieu vous rendra au centuple les biens que vous leur aurez distribués.

24me DEVOIR — 3me SÉRIE.

SUJET. — L'HOMME, SON CORPS.

Après avoir donné quelques notions sur les principales

œuvres du Créateur, nous parlerons de l'homme, (1) en
vue duquel Dieu a voulu que toutes choses existassent.
Comme le dessein de Dieu, en formant l'homme, a été
qu'il le représentât sur la terre, tout ce qui a constitué
son être, a dû tendre à l'exécution de ce dessein, et procurer à l'homme les moyens d'exercer un pouvoir universel.
(2) L'homme est composé d'un corps et d'une âme. Le corps
humain qui est celle de ces deux parties de notre être qui
se présente la première, a été admirablement disposé pour
exécuter le dessein de Celui qui l'avait placé sur la terre
pour y dominer. Nous parlerons du corps en premier lieu.
Toutefois, en nous occupant tout d'abord et particulièrement
du corps de l'homme, nous n'oublierons pas que nous
parlons (3) d'un corps qui est sous le gouvernement d'une
intelligence, et que l'intelligence humaine est secondée ou
servie par des organes corporels. Quand nous admirerons
l'adresse de sa main, nous nous garderons bien de refuser
à l'âme, principe de cette adresse, le mérite qui lui en revient. Quand la science de cet homme, qui invente tant de
pratiques utiles, nous frappera d'admiration, nous accorde-
rons aussi son mérite à la main qui exécute. Seulement, afin
de procéder avec ordre, nous donnons une attention plus
particulière à une puissance, et ensuite à l'autre ; mais, cependant, sans les regarder comme indépendantes l'une de
l'autre. Nous ne séparons pas ce que Dieu a uni si étroite-
ment.

(4) Puisque Dieu, étant pur esprit, n'a pas de corps, il ne
convient pas que nous cherchions dans la forme corporelle,
la ressemblance de l'homme avec celui qui l'a créé, c'est,
au contraire, par où il ne lui ressemble pas. Mais l'impression de l'image du Tout-puissant se retrouve dans l'excellence des effets résultant de la disposition des organes qui
constituent le corps. Ils sont tels, que, par leurs secours,
l'homme est vraiment le roi de la nature ; il imite l'activité
du Créateur, et administre tout sur la terre.

Nous examinerons quelques-uns de ces organes ; (5) mais
disons d'abord que la prééminence de l'homme s'annonce
par l'avantage que lui donne la situation droite de tout son
corps. Tous les animaux sont penchés sur la terre et y rampent en quelque sorte. L'homme seul marchant la tête haute,
n'a-t-il pas été ainsi formé pour qu'il conservât, par cette

attitude, toute la liberté de l'action et du commandement ? Si l'homme marchait sur la .terre, comme les quadrupèdes, par ses deux mains aussi bien que par ses deux pieds, il serait privé en ce moment de la multiplicité de ses actions ; il cesserait de pouvoir gouverner. Ainsi, la liberté de diriger tout et de varier ses actions, selon le besoin des circonstances, est le premier secours que l'homme trouve dans la noble position de son corps. (6) Mais la proportion de sa taille avec ce qui l'environne, est pour lui une nouvelle source de facilité à se rendre maître de tout. Avec une taille enfantine, il ne pourrait ni consommer les productions de ses terres, ni même exploiter le sol qui les lui donne ; avec une corpulence gigantesque, il se trouverait dans la disette, et la terre manquerait à ses besoins.

Avis. Indiquer tous les verbes qui appartiennent à la 1re conjugaison ; désigner à la suite, la voix, la personne, le nombre, le temps, le mode ; en faire connaître le sujet, s'il est à un mode psrsonnel, et le complément direct s'il est actif transitif ; enfin , en donner les temps primitifs.

Questions. 1º En vue de qui Dieu a-t-il créé l'univers ? 2º De quoi l'homme est-il composé ? 3º Dans quels rapports l'âme et le corps sont-ils entre eux ? 4º Est-ce par le corps que l'homme ressemble à Dieu ? 5º La situation droite du corps de l'homme est-elle une preuve de sa prééminence sur les animaux ? 6º La taille de l'homme est-elle bien conforme à ses besoins ?

25me LEÇON.

Deuxième conjugaison en ir.

TEMPS PRIMITIFS.

Prés. inf. *finir ;* part. prés. *finissant ;* part. passé, *fini ;* prés. ind. *je finis ;* passé déf. *je finis.*

INDICATIF	
PRÉSENT.	**IMPARFAIT.**
Je fin is.	Je fin issais.
Tu fin is.	Tu fin issais.
Il *ou* elle fin it.	Il *ou* elle fin issait.
Nous fin issons.	Nous fin issions.
Vous fin issez.	Vous fin issiez.
Ils *ou* elles fin issent.	Ils *ou* elles fin issaient.

PASSÉ DÉFINI.

Je fin is.
Tu fin is.
Il *ou* elle fin it.
Nous fin îmes.
Vous fin îtes.
Ils *ou* elles fin irent.

* PASSÉ INDÉFINI.

J'ai fin i.
Tu as fin i.
Il *ou* elle a fin i.
Nous avons fin i.
Vous avez fin i.
Ils *ou* elles ont fin i.

* PASSÉ ANTÉRIEUR.

J'eus fin i.
Tu eus fin i
Il *ou* elle eut fin i.
Nous eûmes fin i.
Vous eûtes fin i.
Ils *ou* elles eurent fin i.

* PLUS-QUE-PARFAIT.

J'avais fin i.
Tu avais fin i.
Il *ou* elle avait fin i.
Nous avions fin i.
Vous aviez fin i.
Ils *ou* elles avaient fin i.

FUTUR.

Je fin irai
Tu fin iras.
Il *ou* elle fin ira.
Nous fin irons.
Vous fin irez.
Ils *ou* elles fin iront.

* FUTUR ANTÉRIEUR.

J'aurai fin i.
Tu auras fin i.
Il *ou* elle aura fin i.
Nous aurons fin .
Vous aurez fin i.
Ils *ou* elles auront fin i.

CONDITIONNEL.

PRÉSENT OU FUTUR.

Je fin irais.
Tu fin irais.
Il *ou* elle fin irait.
Nous fin irions.
Vous fin iriez.
Ils *ou* elles fin iraient.

* PASSÉ.

J'aurais fin i.
Tu aurais fin i.
Il *ou* elle aurait fin i.
Nous aurions fin i.
Vous auriez fin i.
Ils *ou* elles auraient fin i.

* OU BIEN :

J'eusse fin i.
Tu eusses fin i.
Il *ou* elle cût fin i.
Nous eussions fin i.
Vous eussiez fin i.
Ils *ou* elles eussent fin i.

IMPÉRATIF.

PRÉSENT OU FUTUR.

Fin is.
Fin issons.
Fin issez.

SUBJONCTIF.

PRÉSENT OU FUTUR.

Que je fin isse.
Que tu fin isse.
Qu'il *ou* qu'elle fin isse.
Que nous fin issions.
Que vous fin issez.
Qu'ils *ou* qu'elles fin issent.

IMPARFAIT.

Que je fin isse.
Que tu fin isses.
Qu'il *ou* qu'elle fin ît.
Que nous fin issions.
Que vous fin issiez.
Qu'ils *ou* qu'elles fin issent.

<table>
<tr><td>

* PASSÉ.

Que j'aie fin i.
Que tu aies fin i.
Qu'il *ou* qu'elle ait fin i.
Que nous ayons fin i.
Que vous ayez fin i.
Qu'ils *ou* qu'elles aient fin i.

* PLUS-QUE-PARFAIT.

Que j'eusse fin i.
Que tu eusses fin i.
Qu'il *ou* qu'elle eût fin i.
Que nous eussions fin i.
Que vous vous eussiez fin i.
Qu'ils *ou* qu'elles eussent fin i.

</td><td>

INFINITIF.

PRÉSENT.

Fin ir.

* PASSÉ.

Avoir fin i.

PARTICIPE.

PRÉSENT.

Fin issant.

PASSÉ.

Fin i.

* PASSÉ ANTÉRIEUR.

Ayant fin i.

</td></tr>
</table>

Conjuguez de même tous les verbes en *ir*, dont le participe présent est terminé en *issant*, comme *adoucir*, *guérir*, *punir*, *enrichir*, *gravir*, *unir*, *avertir*, etc.

REMARQUE. *Sentir*, *couvrir* et leurs composés, comme *pressentir*, *découvrir*, etc. et un grand nombre d'autres, dont l'infinitif est terminé en *vrir*, *frir*, *tir*, *vir*, comme *ouvrir*, *souffrir*, *partir*, *servir*, sont de la 2ᵐᵉ conjugaison et réguliers, tous leurs temps dérivés se formant régulièrement des temps primitifs. Toutefois, comme ils s'écartent de la conjugaison du paradigme *finir*, attendu que leur participe présent est terminé par *ant*, et non par *issant*, nous croyons devoir en faire connaître la différence; et, afin que l'élève soit mieux fixé, nous exposons les temps primitifs de quelques-uns de ces verbes. L'ordre de ces temps étant connu, nous nous dispenserons de les désigner par leur dénomination.

Couvrir; couvrant; couvert;	Je couvre;	je couvris.
	Tu couvres;	*n. couvrîmes.*
	Il couvre;	*v. couvrîtes.*
	N. couvrons.	
	etc. etc.	
Fuir; fuyant; fui;	Je fuis;	*je fuis.*
	Tu fuis;	*n. fuîmes.*
	Il fuit;	*v. fuîtes.*
	N. fuyons;	
	etc. etc.	
Sentir; sentant; senti;	Je sens;	je sentis.
	Tu sens;	*n. sentîmes.*
	Il sent;	*v. sentîtes.*
	N. sentons;	
	etc. etc.	

Servir ; servant ; servi ;	*Je sers ;*	*je servis.*
	Tu sers ;	*n. servîmes.*
	Il sert ;	*v. servîtes.*
	N. servons ;	
	etc. etc.	
(1) Sortir ; sortant ; sorti ;	*Je sors ;*	*je sortis.*
	Tu sors ;	*n. sortîmes.*
	Il sort ;	*v. sortîtes.*
	N. sortons ;	
	etc. etc.	
Souffrir ; souffrant ; souffert ;	*Je souffre ;*	*Je souffris.*
	Tu souffres ;	*n. souffrîmes.*
	Il souffre ;	*v. souffrîtes.*
	N. souffrons ;	
	etc. etc.	

Nous ne parlerons pas ici des verbes *courir, cueillir, mourir, acquérir, tenir, venir,* qui appartiennent à la 2me conjugaison, mais qui sont irréguliers dans quelques-uns de leurs temps dérivés, attendu qu'ils ne se forment pas régulièrement des temps primitifs. Il en sera fait mention dans la grammaire complète.

Nota. *Bruire, circoncire, dire, redire, écrire, frire, lire, nuire, rire, suffire,* etc., n'appartiennent pas à la 2me conjugaison, mais bien à la 4me, puisqu'ils sont terminés en *re.*

25me DEVOIR. — 1re SÉRIE.

Avis. 1° Conjuguer *gémir* sur finir ; *découvrir,* sur couvrir ; *desservir,* sur servir.

2° Indiquer la personne, le nombre, le temps, le mode des verbes suivants ; en faire connaître les temps primitifs.

J'avais enrichi ; je nantirai ; ils finiront ; nous embellirions ; vous avez découvert ; qu'ils aient souffert ; desservez ; ils avaient sorti ; qu'ils eussent réussi ; vous fournîtes ; sortant ; faiblissant ; il avait trahi ; ils assujettiront ; il aurait

____

(1) *Sortir* est pris ici comme verbe transitif ; il se conjugue alors avec l'auxiliaire *avoir,* ayant la signification de *transporter dehors, tirer* etc. Quand il est intransitif, il se conjugue avec l'auxiliaire *être ; je suis* sorti, *vous seriez* sorti, et non *j'ai* sorti, *vous auriez* sorti.

menti ; vous eûtes flétri ; vous eussiez averti ; qu'il eût agi ; ils serviraient ; que vous eussiez sévi ; ayant enfoui ; qu'il donne ; il aurait recouvert ; ils envahissent ; tu éblouirais ; nous eûmes établi ; nous attendrîmes ; vous péririez ; il aura retenti ; avoir applaudi ; ils avaient enseveli ; tu saisiras ; il aurait gémi ; il guérissait ; tu as obéi ; ayant mugi ; vous eussiez obéi ; ils avaient enfoui ; tu recouvriras ; fuis.

25me DEVOIR. — 2me SÉRIE.

Avis. 1º Faire connaître la personne, le nombre, le temps, le mode de chacun des verbes contenus dans le sujet suivant ; signaler, au fur et à mesure qu'ils se présenteront, les verbes de la 1re et de la 2me conjugaison active ; en indiquer le sujet et le complément. Donner les temps primitifs de tout verbe.

En 995, Othon III, empereur d'Allemagne, reçut du Pape Jean XV, des Nonces qui le conjurèrent de passer en Italie, et l'avertirent que Crescence, magistrat de Rome, voulait renouveler la révolution de Censius, et chasser les Germains de l'Italie. La difficulté était de trouver les sommes qu'une pareille entreprise demandait nécessairement.

Othon proposa de parcourir les principales villes de l'empire, et d'y tenir des assemblées particulières, dans lesquelles il exposerait le besoin qu'il avait de troupes et d'argent pour l'expédition d'Italie, et laisserait cependant à ses vassaux la liberté de se taxer volontairement eux-mêmes. Ce parti fut accepté et on le suivit. Arrivé en Lombardie, en 996, Othon commença la campagne par le siége de Milan. La garnison fit quelques sorties pour détruire les travaux des Germains ; mais les assaillants, animés par la présence de leur roi, les repoussèrent avec un courage qui surprit tellement les assiégés, que le gouverneur, redoutant la fureur des Allemands, si la ville venait à être prise d'assaut, parla de capitulation. L'empereur fit, le jour même, son entrée triomphante dans la ville.

2º Donner en entier le passé défini et l'imparfait du subjonctif des verbes suivants :

Envahir ; mûrir ; ensevelir ; enrichir ; éblouir ; approfondir ; mugir ; remplir ; choisir ; adoucir ; bénir ; enhardir.

Dieu, en voulant que l'homme le représentât sur la terre, l'a enrichi des dons propres à lui assujettir tous les êtres qui composent le domaine terrestre. Pour établir cette vérité, nous avons fourni une première preuve, celle qui se rapporte à la structure du corps de l'homme et à la juste proportion que Dieu a mise entre sa taille et le domaine universel qui lui était offert. Il s'agit maintenant d'examiner toutes les parties assortissant parfaitement à ce tout.

La tête tire un puissant avantage de la posture droite du corps, pour l'exercice de ce domaine. (1) Destiné à régler les mouvements du corps qui la soutient, et à régir convenablement tout ce que la terre produit, elle ne tire pas seulement avantage de sa situation et de sa dignité; (2) elle est de plus nantie de sens exquis, et de tous les organes nécessaires pour recevoir des avis de toutes parts, ou pour en répartir partout. Ses yeux sont en sentinelle dans l'étage le plus élevé, et lui servent à découvrir les objets éloignés. Lorsque les yeux reposent, recouverts de leurs paupières, les oreilles demeurent ouvertes et sont averties de tout. Ce que l'œil ni l'oreille ne saisiraient pas pour en avertir l'homme, c'est souvent l'odorat et le goût qui le lui découvrent. Sa langue jouit du privilége d'appeler par un nom tout ce qui est dans sa demeure, et l'homme s'en sert pour expédier tous les ordres nécessaires à l'administration de ses affaires. Cette tête est visiblement faite pour gouverner, puisqu'elle est la seule qui puisse entretenir des relations avec tout l'univers. Quelle symétrie, quelle expression dans le tour de son visage et dans l'ordonnance de tous ses traits! La majesté réside sur son front. (4) Les arcs formés par ses sourcils et par ses paupières, en garantissant l'œil de la sueur et des menues poussières qui pourraient le ternir, relèvent aussi le blanc de cet œil, et en font mieux ressortir les mouvements, le brillant et les intentions. On peut dire que de (5) ses lèvres jaillissent les grâces et l'autorité, puisque, d'un simple sourire, elles répandent la joie dans tous les environs, et que, par la variété des sons qu'elles articulent, elles donnent des ordres auxquels on obéit sur le champ, ou qui retentiront à de grandes distances et jusqu'au delà des mers.

Mais il fallait que celui qui était destiné à agir en maître de la nature, ne subît pas sans cesse la nécessité d'employer la parole pour être entendu, obéi et servi. Son visage devait avoir son langage, selon les impressions diverses auxquelles son esprit serait assujetti; et c'est pour ce motif qu'on l'a défini, non sans raison, (7) le miroir de l'âme humaine. Les riches couleurs dont Dieu en a embelli les traits, trahissent tour à tour, ou la sérénité de son esprit, par leur calme, ou ses mouvements secrets, par une subite altération. Et pourquoi suffit-il que son visage (6) paraisse à découvert pour laisser voir s'il se réjouit ou s'il est triste; s'il réfléchit ou s'il se délasse; s'il veut caresser ou sévir; s'il ment ou s'il dit vrai; s'il veut flétrir ou honorer, punir ou récompenser? N'est-ce pas pour que ses semblables, et les animaux mêmes, soient avertis sur le champ, des désirs et des ordres de celui qui a droit qu'on l'écoute et qu'on lui obéisse? Il serait avili ou fatigué par la nécessité perpétuelle d'employer le discours pour se faire entendre. On lit ses pensées dans son air.

Avıs. Faire pour les verbes de la 2me conjug. comme il a été dit dans l'avis du 24me devoir, pour les verbes de la 1re conjugaison.

Questions. 1º A quoi Dieu a-t-il destiné la tête dans le corps humain? 2º Quels sont les sens et les organes dont elle est dotée? 3º Quels services lui rendent-ils? 4º Quelle est l'utilité des sourcils et des paupières? 5º Quelle est l'influence des lèvres? 6º Peut-on lire sur le visage de l'homme les diverses impressions auxquelles il est soumis? 7º Pour quel motif a-t-on appelé le visage, le miroir de l'âme?

26me LEÇON.

Troisième conjugaison en oir.

TEMPS PRIMITIFS.

Prés. inf. *recevoir*; part. prés. *recevant*; part. passé, *reçu*; prés. ind. *je reçois*; passé déf. *je reçus*.

INDICATIF.

PRÉSENT.	IMPARFAIT.
Je reç ois.	Je recev ais.
Tu reç ois.	Tu recev ais.
Il *ou* elle reç oit.	Il *ou* elle recev ait.
Nous recev ons.	Nous recev ions.
Vous recev ez.	Vous recev iez.
Ils *ou* elles reç oivent.	Ils *ou* elles recev aient.

PASSÉ DÉFINI.

Je reç us.
Tu reç us.
Il *ou* elle re çut.
Nous reç ûmes.
Vous reç ûtes.
Ils *ou* elles reç urent.

*** PASSÉ INDÉFINI.**

J'ai reç u.
Tu as reç u.
Il *ou* elle a reç u.
Nous avons reç u.
Vous avez reç u.
Ils *ou* elles ont reç u.

*** PASSÉ ANTÉRIEUR.**

J'eus reç u.
Tu eus reç u.
Il *ou* elle eut reç u.
Nous eûmes reç u.
Vous eûtes reç u.
Ils *ou* elles eurent reçu.

*** PLUS-QUE-PARFAIT.**

J'avais reç u.
Tu avais reç u.
Il *ou* elle avait reç u.
Nous avions reç u.
Vous aviez reç u.
Ils *ou* elles avaient reç u.

FUTUR.

Je recev rai.
Tu recev ras.
Il *ou* elle recev ra.
Nous recev rons.
Vous recev rez.
Ils *ou* elles recev ront.

*** FUTUR ANTÉRIEUR.**

J'aurai reç u.
Tu auras reç u.
Il *ou* elle aura reç u.
Nous aurons reç u.
Vous aurez reç u.
Ils *ou* elles auront reç u.

CONDITIONNEL.

PRÉSENT OU FUTUR.

Je recev rais,
Tu recev rais.
Il *ou* elle recev rait.

Nous recev rions.
Vous recev riez.
Ils *ou* elles recev raient.

*** PASSÉ.**

J'aurais reç u.
Tu aurais reç u.
Il *ou* elle aurait reç u,
Nous aurions reç u.
Vous auriez reç u.
Ils *ou* elles auraient reç u.

*** OU BIEN :**

J'eusse reçu.
Tu eusses reç u.
Il *ou* elle eût reç u.
Nous eussions reç u.
Vous eussiez reç u.
Ils *ou* elles eussent reç u.

IMPÉRATIF.

PRÉSENT OU FUTUR.

Reç ois.
Recev ons.
Recev ez.

SUBJONCTIF.

PRÉSENT OU FUTUR.

Que je reç oive.
Que tu reç oives.
Qu'il *ou* qu'elle reçoi ve.
Que nous recev ions.
Que nous recev iez.
Qu'ils *ou* qu'elles reç oivent.

IMPARFAIT.

Que je reç usse.
Que tu reç usses.
Qu'il *ou* qu'elle reç ût.
Que nous reç ussions.
Que vous reç ussiez.
Qu'ils *ou* qu'elles reç ussent.

*** PASSÉ.**

Que j'aie reç u.
Que tu aies reç u.
Qu'il *ou* qu'elle ait reçu.
Que nous ayons reç u.
Que vous ayez reç u.
Qu'ils *ou* qu'elles aient reç u.

<table>
<tr><td>

* PLUS-QUE-PARFAIT.

Que j'eusse reç u.
Que tu eusses reç u.
Qu'il *ou* qu'elle eût reç u.
Que nous eussions reç u.
Que vous eussiez reç u.
Qu'ils *ou* qu'elles eussent reç u.

INFINITIF.

PRÉSENT.

Recev oir.

</td><td>

* PASSÉ.

Avoir reç u.

PARTICIPE.

PRÉSENT.

Recev ant.

PASSÉ.

Reç u.

* PASSÉ ANTÉRIEUR.

Ayant reç u.

</td></tr>
</table>

Conjuguez de même tous les verbes terminés par *cevoir*, comme *apercevoir, concevoir, percevoir, décevoir*. Il est plusieurs autres verbes, comme *avoir, pouvoir, devoir, valoir, asseoir, voir, vouloir* etc. qui, appartenant à la 5me conjugaison, admettent, par leur terminaison en *oir*, une grande partie des terminaisons du verbe *recevoir*.

Nous donnerons dans la grammaire complète diverses explications sur cette conjugaison.

REMARQUE. *Boire, croire* appartiennent à la 4me conjugaison, puisqu'ils ont l'infinitif en *re* ; ils se conjuguent de même. On ne doit pas les confondre avec les verbes terminés par *oir*.

Accroire et *décroire* sont aussi de la 4me conjugaison. Le premier ne s'emploie qu'au présent de l'infinitif ; le second n'est usité qu'au présent de l'indicatif, et seulement dans ce sens-ci : Je ne vous crois ni ne *décrois*.

26me DEVOIR. — 1re SÉRIE.

AVIS. 1° Conjuguer sur recevoir les trois verbes *apercevoir, concevoir, percevoir*. (Dans ces verbes on met une cédille (ç) ou petit signe sous le c, quand il est suivi d'un *o* ou d'un *u* : j'aperçois, il aperçut).

2° Indiquer la personne, le nombre, le temps, le mode des verbes suivants et en donner les temps primitifs.

NOTA. Comme les verbes de la 3me conjug. sont ici souvent répétés à cause de leur petit nombre, il suffira de donner, une seule fois les temps primitifs de chacun d'eux.

Ils auront reçu ; vous apercevrez ; que nous eussions pu ; il recevrait ; qu'ils vissent: ils auraient vu ; vous aviez pourvu ; nous percevrons ; ils auront pourvu ; apercevant ; vous prévoyez ; vous eussiez dû ; vous avez redû (dû et redû prennent un accent circonflexe sur l'û au participe passé, mais seulement au sing. masc.); ils pourraient ; vous auriez reçu ; vous devriez ; voulu ; ils eussent su ; que tu eusses mû ; *(accent circonflexe sur le sing. masc. mû, mais non sur le sing. fém. mue)* ; tu perçus ; prévoyant ; déçu ; vous receviez.

26ᵐᵉ DEVOIR. — 2ᵐᵉ SÉRIE.

AVIS. 1º Faites connaître les noms ou les pronoms qui sont sujets dans le trait précédent (en 995, Othon III; etc.) ; si le sujet est un pronom, indiquez entre parenthèses, le nom dont il rappelle l'idée ; faites suivre le sujet, du verbe qui marque son action ou son état.

2º Tournez l'actif en passif, dans les phrases suivantes.

1. Cet homme peu charitable a porté un jugement téméraire. — 2. La richesse, comme le luxe, engendre la mollesse. — 3. Ce torrent a renversé tous les obstacles. — 4. Un mot, une surprise, un coup d'œil trahissent souvent l'homme. — 5. Malheur aux hommes durs et impitoyables que n'ont jamais attendris les infortunes d'autrui. — 6. Dieu a tout disposé dans le monde avec une sagesse infinie. — 7. Les mauvaises conversations gâtent l'esprit.

3º Corrigez les fautes (désignées par des italiques), qui se trouvent dans les phrases suivantes ; donnez la raison des corrections.

1. Le sage est *grands* dans les plus *petite chose*, le méchant est *petite* dans les plus grandes. — 2. Ce *tableaux* est plus *estimables* que celui que nous *vimes* ensemble. — 3. Je réserve de *beau* présents pour ces *enfant*, si *leur* maîtres sont contents d'eux. — 4. J'*aie* toujours souhaité que *se* bonheur vous *arrivat*.

26ᵐᵉ DEVOIR. — 3ᵐᵉ SÉRIE.

SUJET. — L'HOMME, SON CORPS.

Par tout ce qui a été dit précédemment, on a pu voir que Dieu, en destinant l'homme à exercer un domaine universel sur la terre, a voulu qu'il fût pourvu de toutes les qualités propres à cet exercice. Un examen particulier de quelques-uns de ses organes nous fera encore mieux concevoir cette vérité ; nous pouvons d'abord l'observer dans les jambes et dans les bras du corps de l'homme.

(1) A voir les jambes de l'homme, on croirait qu'elles sont plutôt un beau support, qu'un instrument de légèreté. Et, en effet, par leur structure et par la plante des pieds qui les terminent, elles paraissent des colonnes et des bases plus

propres à lui servir d'appui, qu'à faciliter ses voyages. Il est bien vrai qu'à force d'exercice, l'homme peut parvenir à se mouvoir avec une assez grande agilité ; mais cette souplesse n'est pas le privilége naturel de l'homme ; (2) il ne lui est donc pas plus honteux d'en être privé, qu'il ne lui est de n'avoir pas les doigts pourvus d'ongles crochus, ou de n'être pas armé de deux dents allongées hors de la bouche, comme l'éléphant. La promptitude de la course est le vrai mérite d'un messager ; et l'homme est fait pour gouverner. (5) Aussi fallait-il que ses jambes le soutinssent avec un air de dignité qui le relevât et qui annonçât un maître. Si elles lui fournissent, par leur déplacement alternatif, un moyen de transport commode et expéditif, c'est quand il ne s'agit que de parcourir des distances légères, et de porter ses ordres ou ses soins dans les lieux qui l'environnent ; mais, quand il prévoit ne pouvoir, par lui-même, suffire à une course ou longue ou précipitée, alors il se fait servir par ceux que la nature a destinés à cet usage, et sa course est véritablement celle d'un maître souverain. Les animaux, les rivières et les mers lui facilitent l'accès de toutes les contrées.

La jambe de l'homme va toujours en s'amincissant vers la terre, où elle se termine à une base aplatie, pour appuyer le corps par une contenance noble et assurée, sans nuire à la liberté des mouvements par la largeur du volume. La plante des pieds aidée par la mobilité des doigts, qui en bordent l'extrémité, et par les nerfs, pour ainsi dire, sans nombre, qui se dispersent dans le talon et dans toute la masse, fournit une prodigieuse diversité de mouvements. Les muscles et les nerfs auxquels sont dus tant d'allongements, de rétractions, d'élancements, de glissades, de détours et de services de toute espèce, ont tous été réunis en un paquet proprement arrondi derrière l'os de la jambe. (6) Cette masse devient aussi un coussin commode pour coucher et reposer cet os délicat, si nécessaire et si fragile. C'est en même temps un rempart contre les atteintes que cet os pourrait recevoir du côté où l'œil ne peut les prévenir.

Avis. Même exercice que dans le devoir précédent (25ᵐᵉ), pour les verbes de la 3ᵐᵉ conjug. ainsi que pour ceux de la 2ᵐᵉ, les verbes de la 3ᵐᵉ étant en trop petit nombre.

QUESTIONS. 1º La jambe de l'homme a-t-elle l'agilité pour première destination ? 2º Est-il honteux pour l'homme de ne pas être aussi agile que le cheval, le cerf, le renne ? 3º La jambe contribue-t-elle à la dignité du corps de l'homme ? 4º Quel moyen emploie l'homme pour les courses longues et précipitées ? 5º La jambe peut-elle exécuter une quantité de mouvements ? 6º A quoi sert le mollet de la jambe ?

27ᵐᵉ LEÇON.

Quatrième conjugaison en re.

TEMPS PRIMITIFS.

Prés. inf. *rendre* ; part. prés. *rendant* ; part. passé, *rendu* ; prés. ind. *je rends* ; passé déf. *je rendis*.

INDICATIF.

PRÉSENT.	* PASSÉ ANTÉRIEUR.
Je rend s.	J'eus rend u.
Tu rend s.	Tu eus rend u.
Il *ou* elle rend.	Il *ou* elle eut rend u.
Nous rend ons.	Nous eûmes rend u.
Vous ren dez.	Vous eûtes rend u.
Ils *ou* elles rend ent.	Ils *ou* elles eurent rend u.

IMPARFAIT.	* PLUS-QUE-PARFAIT.
Je rend ais.	J'avais rend u.
Tu rend ais.	Tu avais rend u.
Il *ou* elle rend ait.	Il *ou* elle avait rend u.
Nous rend ions.	Nous avions rend u.
Vous rend iez.	Vous aviez rend u.
Ils *ou* elles rend aient.	Ils *ou* elles avaient rend u.

PASSÉ DÉFINI.	FUTUR.
Je rend is.	Je rend rai.
Tu rend is.	Tu rend ras.
Il *ou* elle rend it.	Il *ou* elle rend ra.
Nous rend îmes.	Nous rend rons.
Vous rend îtes.	Vous rend rez.
Ils *ou* elles rend irent.	Ils *ou* elles rend ront.

* PASSÉ INDÉFINI.	* FUTUR ANTÉRIEUR.
J'ai rend u.	J'aurai rend u.
Tu as rend u.	Tu auras rend u.
Il *ou* elle a rend u.	Il *ou* elle aura rend u.
Nous avons rend u.	Nous aurons rend u.
Vous avez rend u.	Vous aurez.
Ils *ou* elles ont rend u.	Il *ou* elles auront rend u.

CONDITIONNEL.

PRÉSENT OU FUTUR.

Je rend rais.
Tu rend rais.
Il *ou* elle rend rait.
Nous rend rions.
Vous rend riez.
Ils *ou* elles rend raient.

* PASSÉ.

J'aurais rend u.
Tu aurais rend u.
Il *ou* elle aurait rend u.
Nous aurions rend u.
Vous auriez rend u.
Ils *ou* elles auraient rend u.

* OU BIEN.

J'eusse rend u.
Tu eusses rend u.
Il *ou* elle eût rend u.
Nous eussions rend u.
Vous eussiez rend u.
Ils *ou* elles eussent rend u.

IMPÉRATIF.

PRÉSENT OU FUTUR.

Rend s.
Rend ons.
Ren dez.

SUBJONCTIF.

PRÉSENT OU FUTUR.

Que je rend e.
Que tu rend es.
Qu'il *ou* qu'elle rend e.
Que nous rend ions.
Que vous rend iez.
Qu'ils *ou* qu'elles rend ent.

IMPARFAIT.

Que je rend isse.
Que tu rend isses.
qu'il *ou* qu'elle rend it.
Que nous rend issions.
Que vous rend issiez.
Qu'ils *ou* qu'elles rend issent.

* PASSÉ.

Que j'aie rend u.
Que tu aies rend u.
Qu'il *ou* qu'elle ait rend u.
Que nous ayons rend u.
Que vous ayez rend u.
Qu'ils *ou* qu'elles aient rend u.

* PLUS-QUE-PARFAIT.

Que j'eusse rend u.
Que tu eusses rend u.
Qu'il *ou* qu'elle eût rend u.
Que nous eussions rend u.
Que vous eussiez rend u.
Qu'ils *ou* qu'elles eussent rend u.

INFINITIF.

PRÉSENT.

Rend re.

* PASSÉ.

Avoir rend u.

PARTICIPE.

PRÉSENT.

Rend ant.

PASSÉ.

Rend u.

* PASSÉ ANTÉRIEUR.

Ayant rend u.

Conjuguez de même 1° tous les verbes en *endre*, comme *tendre, attendre, fendre, défendre, descendre, condescendre, pendre, entendre, vendre,* etc.

Excepté *prendre* et ses composés *apprendre, désapprendre, comprendre, se méprendre, entreprendre, reprendre,* etc., qui doublent la consonne *n* à la 3me personne du pluriel du présent de l'indicatif, aux trois personnes du singulier et à la 3me personne du pluriel du présent du subjonctif: ils *prennent*; que je *prenne*, que tu *prennes*, qu'il *prenne*, qu'ils *prennent*.

2° Les deux verbes en *andre*, *épandre*, *répandre*. 3° Les verbes en *ondre*, comme *fondre*, *morfondre*, *refondre*, *pondre*, *répondre*, *tondre*, etc, 4° Les verbes en *erdre*, comme *perdre*, *reperdre*. 5° Les verbes en *ordre*, comme *mordre*, *démordre*, *remordre*, *tordre*, *retordre*, *détordre*.

Nota. Dans la leçon suivante nous ferons connaître d'autres verbes de la 4me conjugaison qui, sans être irréguliers, se séparent cependant quelquefois de la conjugaison du paradigme *rendre*.

27me DEVOIR. — 1re SÉRIE.

Avis. 1° Conjuguer sur rendre les trois verbes *descendre* (transitif avec l'auxil. *avoir*), *confondre*, *tordre*.

2° Indiquer la personne, le nombre, le temps, le mode des verbes suivants; en donner, à la suite, les temps primitifs.

Il peignait; nous avons rejoint; étendez; nous rejoignions; ils auraient crû (*accent circonflexe sur le sing. masc. mais non sur le fém.*); nous avons décru; vous combattrez; il a défait; tu rabattras; ils entendraient; que tu eusses suspendu; il aura séduit; il reluira; nous correspondrions; qu'il répondît; nous réduisîmes; vous disparûtes; qu'il eût combattu; il eut prétendu; il eût contraint; tu plains; ils auront mis; reconstruisant; avoir déduit; ils ont nui; vous feigniez; vous feignez; nous restreindrions; reprends; qu'ils aient pris; admettre; nous avions promis; ayant entrepris; tu avais revendu; ils vendraient; que je reprenne; ils se méprennent; tu avais condescendu; étends; j'attendrai.

27me DEVOIR. — 2me SÉRIE.

Avis. 1° Indiquer les sujets et les compléments directs des phrases suivantes, en faisant les interrogations connues; dire aussi à quelle conjugaison appartient le verbe de la phrase.

1. — Le jardinier soigneux arrache les mauvaises herbes. — 2. La mère fait la première éducation de l'enfant. — 3. Le fils de Dieu a racheté l'homme. — 4. Il l'a délivré de l'esclavage du démon. — 5. L'homme lui doit donc la plus grande reconnaissance. — 6. Notre Roi a accordé de nombreuses grâces. — 7. Le bûcheron coupe le bois mort. — 8. Le pêcheur

a pris un poisson énorme. — 9. Le chasseur a tué trois lièvres, deux lapins et six perdreaux. — 10. Le pilote habile évite les écueils dangereux. — 11. Le serpent rusé trompa la première femme. — 12. Adam écouta trop facilement Ève. — 13. Dieu punit Adam et Ève de leur désobéissance. — 14. Il les chassa du paradis terrestre. — 15. Un ange garda l'entrée de ce jardin. — 16. — Le Tigre et l'Euphrate arrosaient ce jardin délicieux.

2° Transcrire ces phrases en changeant l'actif en passif.

27me DEVOIR. — 3me SÉRIE.

SUJET. — L'HOMME. SON CORPS.

Quelques détails sur le bras et la main du corps de l'homme nous feront comprendre de quelle utilité ils lui sont pour l'exercice de son pouvoir. Dieu, en effet, a voulu faire entendre à l'homme que le bras était la marque et l'instrument d'un empire réel. Voyez les animaux : l'un est né chasseur ; aussi la nature lui a donné tous les instruments qui répondent à son instinct. Un autre est né pour la pêche ; et, s'il a reçu un cou et un bec très-longs, c'est afin qu'il surprenne les poissons bien avant dans l'eau. La vocation d'un autre est de porter des fardeaux, ou de les tirer après lui : son jarret et ses épaules lui rendent ce travail possible. Tous ont leurs fonctions, et ont reçu de la nature les outils desquels dépend l'exercice de ces fonctions. De leur propre nature, ils ne peuvent prétendre à autre chose. S'ils apprennent à varier leurs mouvements selon les désirs de l'homme, et s'il arrive qu'ils répondent aux signes qu'il leur adresse, tous ces actes étrangers (2) à leur vocation , dépendent de l'homme et nullement d'une dextérité particulière des animaux ; car il n'y a en eux ni dessein , ni aucune perfection qu'ils aient acquise par le raisonnement. (1) En un mot, toutes leurs opérations libres sont bornées, comme les instruments de leur profession.

(3) Mais le bras de l'homme étant un instrument universel, ses opérations doivent s'étendre comme les productions de la nature. Ce bras, en s'étendant et en se roidissant, lui rend l'office d'un levier ou d'une barre. S'il se tend ou se détend dans les diverses articulations qui le partagent, il imite le fléau, l'arc et toutes sortes de ressorts. Serre-t-il le

poing qui le termine, il frappe comme un maillet. En arrondissant la cavité de sa main, il contient le liquide, comme une tasse, et le transporte sans le répandre.

Nous ne descendrons pas ici dans tous ces petits détails dont on se rendra facilement compte en donnant à son bras et à sa main tout l'exercice qu'on sait pouvoir en attendre ; et nous ne craignons pas d'être repris en prétendant que le bras est le modèle et l'âme de tous les instruments. Il en est l'âme, car l'excellence de leurs effets provient toujours du bras et de la main qui les dirige. Il en est le modèle, car ils sont tous des imitations ou des extensions de ses différentes propriétés. Quels prodiges la main de l'homme n'opère-t-elle pas tous les jours et à chaque instant ! (4) Elle fend et bouleverse la terre pour qu'elle lui rende au centuple le grain que l'homme a répandu dans son sein ; elle brise et rompt les objets les plus durs ; elle suspend le cours des rivières et en fait épandre les eaux quand elle veut, et là où elle veut ; elle fond les métaux, les étend et les tord ; ils prennent le pli qu'elle leur donne.

Ne perdons pas de vue une opération importante de la main : voyons-la traçant avec une liqueur noire quelques légères marques sur un morceau de papier. Ce que la voix de l'homme ne pourrait faire entendre à cause de l'éloignement, la main le rend facile en répondant par quelques lignes ; et de ces lignes de deux ou trois minutes de travail, dépendent souvent l'union ou la désunion des familles et des États, la paix ou la guerre, le gain ou la perte d'un procès. (5) Ajoutons, en terminant, que dans tout ce qui sort de la main de l'homme, la généralité de l'effet lui prouve la généralité de son domaine.

Avis. Même exercice que dans le devoir précédent (26ᵐᵉ) pour les verbes de la 4ᵐᵉ conjugaison.

Questions. 1° Les opérations des animaux sont-elles naturellement bornées ? 2° A qui doivent être attribués certains actes faits par les animaux, et qui sont étrangers à leur nature ? 3° La puissance du bras de l'homme est-elle grande ? Expliquez cela par des exemples. 4° Et celle de la main ? autre explication. 5° Tout cela prouve-t-il le domaine de l'homme ?

28ᵐᵉ LEÇON.

Verbes de la quatrième conjugaison.

Nota. Nous consacrons une leçon aux paradigmes des temps primitifs de différentes espèces de verbes; dont la conjugaison pourrait offrir quelque difficulté aux élèves. Ces verbes appartiennent tous à la quatrième conjugaison, puisqu'ils ont le présent de l'infinitif en *re*, et ils sont réguliers, attendu que les temps dérivés y sont formés des temps primitifs. Dans l'exposé de ceux-ci nous suivrons la marche déjà adoptée pour certains verbes de la 2ᵐᵉ conjugaison; les élèves pourront facilement suppléer.

1. Battre; battant; battu;   Je bats ;   je battis.
                                Tu bats ;   *n. battîmes.*
                                Il bat ;   *v. battîtes.*
                                N. battons;
                                  etc. etc.

Conjuguez de même les composés de *battre*, tels que *abattre, rebattre, débattre, combattre*, etc.

2. Boire ; buvant; bu ;   Je bois;   je bus.
                             Tu bois ;   *n. bûmes.*
                             Il boit ;   *v. bûtes.*
                             N. buvons ;
                             Ils boivent.

Nous signalons dans ce verbe une particularité : c'est qu'il conserve *oi* devant l'*e* muet mis après le *v*, et devant la consonne *r* ; ainsi, à la 3ᵐᵉ personne du pluriel du présent de l'indicatif, ils boivent ; au futur, je boirai, etc.; au conditionnel présent. je boirais, etc.; au présent du subjonctif, que je boive, que tu boives, qu'il boive, qu'ils boivent. Partout ailleurs, il change la diphthongue *oi* en *u* : nous buvons, que nous bussions, etc. Ces changements sont dus à l'euphonie.

3. Conclure; concluant; conclu; Je conclus ;   je conclus.
                                Tu conclus;   *n. conclûmes.*
                                Il conclut;   *v. conclûtes.*
                                N. concluons ;
                                  etc. etc.

Conjuguez de même *exclure. Reclure* n'est usité qu'à l'infinitif présent et aux temps composés.

4. Conduire; conduis'; conduit; Je conduis ;   je conduisis.
                                Tu conduis; n. conduisîmes.
                                Il conduit ;   v. conduisites
                                N. conduisons;
                                  etc. etc.

Conjuguez de même les verbes en *uire*, comme *cuire, construire ; instruire ; enduire ; induire, réduire, séduire*, etc.

5. Croire; croyant; cru ; | Je crois ; | je crus.
| | *Tu crois ;* | *n. crûmes.*
| | *Il croit ;* | *v. crûtes.*
| | *N. croyons ;* |
| | etc. etc. |

Dans ils *croient*, que je *croie*, que tu *croies*, qu'il *croie*, qu'ils *croient*, l'*y* se change en *i*, à cause de l'*e* muet qui suit ; cet *y* est toujours maintenu devant les voyelles *a*, *i*, *o*.

6. Connaître; connaiss'; connu; Je connais ; | je connus.
| | *Tu connais ;* | *n. connûmes.*
| | *Il connaît ;* | *v. connûtes.*
| | *N. connaissons;* |
| | etc. etc. |

Conjuguez de même tous les verbes en *aître* ou *oître*, comme *paraître* et ses composés; comme *croître* et ses composés.

Remarquez que ces verbes prennent un accent circonflexe sur l'*i* de l'infinitif présent, et sur celui qui précède le *t* dans la 3ᵐᵉ personne du singulier du présent de l'indicatif : paraître, croître, il paraît, il croît. On écrivait autrefois : paraistre, croistre, il paraist, il croist. Paître fait *il paît* sans accent.

7. Écrire; écrivant; écrit ; | J'écris ; | j'écrivis.
| | *Tu écris ;* | *n. écrivîmes.*
| | *Il écrit ;* | *v. écrivîtes.*
| | *N. écrivons ;* |
| | etc. etc. |

Conjuguez de même les verbes finissant en *crire*, comme *prescrire*, *inscrire*, etc.

8. Lire; lisant; lu ; | Je lis; | je lus.
| | *Tu lis ;* | *n. lûmes.*
| | *Il lit;* | *v. lûtes.*
| | *N. lisons ;* |
| | etc. etc. |

Conjuguez de même *élire* et *réélire*, etc.

9. Dire ; disant; dit ; | Je dis; | je dis.
| | *Tu dis ;* | *n. dîmes.*
| | *Il dit ;* | *v. dites.*
| | *N. disons ;* |
| | *V. dites.* |

Dire fait *vous dites* à la 2me personne du pluriel du présent de l'in-catif, et *dites* à la 2me personne du pluriel de l'impératif, au lieu de *vous disez, disez*. Ses composés, comme *contredire, dédire, interdire, médire* sont en tout réguliers : vous *contredisez*, vous *dédisez*, etc. *Redire* est le seul qui fasse *vous redites, redites*.

10. Mettre; mettant; mis;   Je mets;   je mis.
                        Tu mets;   *n. mîmes.*
                        Il met;   *v. mîtes.*
                        N. mettons;
                        etc. etc.

Conjuguez de même tous les composés de *mettre, transmettre, remettre, promettre*, etc.

11. Moudre; moulant; moulu; je mouds;   je moulus.
                        Tu mouds;   *n. moulûmes.*
                        Il moud;   *v. moulûtes.*
                        N. moulons;
                        etc. etc.

Conjuguez de même *remoudre, émoudre, rémoudre*.

12. Naître; naissant; né;   Je nais;   je naquis.
                        Tu nais;   *n. naquîmes.*
                        Il naît;   *v. naquîtes.*
                        N. naissons;
                        etc. etc.

Conjuguez de même *renaître*.

13. Nuire; nuisant; nui;   Je nuis;   je nuisis;
                        Tu nuis;   *n. nuisîmes.*
                        Il nuit;   *v. nuisîtes.*
                        N. nuisons;
                        etc. etc.

14. Plaire; plaisant, plu;   Je plais;   je plus;
                        Tu plais;   *n. plûmes.*
                        Il plaît;   *v. plûtes.*
                        N. plaisons;
                        etc. etc.

Conjuguez de même les composés de plaire : *déplaire, complaire*.

15. Rire; riant; ri;   Je ris;   je ris.
                        Tu ris;   *n. rîmes.*
                        Il rit;   *v. rîtes.*
                        N. rions;
                        etc. etc.

Conjuguez de même *sourire*.

16. Suivre; suivant; suivi; Je suis;   je suivis;
Tu suis;   *n. suivîmes.*
Il suit;   *v. suivites.*
N. suivons;
etc. etc.

Conjuguez de même *poursuivre*.

17. Vaincre; vainquant; vaincu; Je vaincs;   je vainquis;
Tu vaincs;   *n. vainquîmes*
Il vainc;   *v. vainquîtes.*
N. vainquons
etc. etc.

Conjuguez de même son composé *convaincre*.

Dans la conjugaison de ces deux verbes, le *c* se change en *qu* avant les voyelles *a, e, i, o*.

18. Vivre; vivant; vécu;   je vis;   je vécus.
Tu vis;   *n. vécûmes.*
Il vit.   *v. vécûtes.*
N. vivons;
etc. etc.

Conjuguez de même *revivre, survivre*.

19. Plaindre; plaign¹; plaint; Je plains;   je plaignis.
Tu plains;   *n. plaignîmes*
Il plaint;   *v. plaignîtes.*
N. plaignons;
etc. etc.

Conjuguez de même les verbes qui se terminent par *aindre*, comme *contraindre;* par *eindre*, comme *feindre;* par *oindre*, comme *joindre*.

20 Rompre; rompant; rompu; Je romps;   je rompis.
Tu romps;   *n. rompîmes.*
Il rompt;   *v. rompîtes.*
N. rompons;
etc. etc.

Conjuguez de même les verbes terminés par *ompre*, comme *corrompre*, etc.

Coudre; cousant; cousu;   Je couds;   je cousis.
Tu couds;   *n. cousîmes.*
Il coud;   *v. cousîtes.*
N. cousons;
etc. etc.

Conjuguez de même ses composés *découdre*, *recoudre*. Coudre fait *je cousis* au passé défini, et non *je cousus*.

28me DEVOIR. — 1re SÉRIE.

Avis. La conjugaison des verbes de la 28me leçon et de ceux auxquels ils servent de paradigmes, offrira un devoir plus que suffisant.

Nota. Nous ne saurions trop insister sur la nécessité où sont les élèves de posséder parfaitement toutes les conjugaisons. Le verbe joue le plus grand rôle dans le discours : c'est le mot par excellence, le lien de nos pensées. Sans le verbe, il serait impossible de se faire comprendre.

28me DEVOIR. — 2me SÉRIE.

Avis. Faire copier des verbes.

Voici quelques exercices qui nous semblent très-propres à fortifier les élèves sur la conjugaison des verbes.

1° Apprendre par cœur de manière à pouvoir réciter, ou écrire sur un tableau, tout temps de tout mode, désigné au hasard.

2° Copier fréquemment toutes sortes de verbes, et de différentes manières, telles que celles-ci :

(a) Un seul verbe, de suite et en entier. (b) Deux verbes unis par la conjonction et. Ex. : je récite et je comprends ; tu récites et tu comprends, etc., etc., etc. (c) Deux verbes suivis d'un complément direct. Ex. : je lis et j'admire mon ouvrage ; tu lis et tu admires ton ouvrage ; il lit et il admire son ouvrage ; nous lisons et nous admirons nos ouvrages, etc., etc., etc. (d) Ne prendre que certaines personnes pour chacun des temps des modes personnels. Ex. : le roi règne et il rend la justice ; les rois règnent et il rendent la justice etc., etc., que le roi règne et qu'il rende la justice ; que les rois etc., etc. (e) Deux verbes suivis d'un complément indirect accompagné d'un adjectif. Ex. : j'obéis et je rends grâce à mon maître ; tu obéis et tu rends grâce à ton maître, etc. ; nous obéissons et nous rendons grâce à nos maîtres, etc., à leurs maîtres, etc., que j'obéisse et que je rende grâce a mon maître, etc., à ton maître, etc., à son maître, etc., que nous obéissions et que nous rendions grâce à notre maître, etc., à votre maître, etc., à leur maître, etc.

3° Désigner tantôt de vive voix, tantôt par écrit, telle ou telle personne d'un temps quelconque. Si c'est par écrit, on peut donner une série de verbes appartenant à toutes les classes, dont les paradigmes ont été offerts. Ex. : la 1re et la 2me personne du pluriel du passé défini ; de l'imparfait du subjonctif, etc., des verbes suivants : édifier, choisir, apercevoir, offrir, moudre, nuire, etc., etc.

Nota. Dans notre grammaire complète, on trouvera toutes les règles et tous les détails qui se rattachent à la question des verbes. Craignant d'embarrasser les commençants, nous n'avons expliqué dans celle-ci que le strict nécessaire.

28me DEVOIR. — 5me SÉRIE.

Avis. Faire sur les phrases ci-dessous l'exercice suivant : le général bat et vainc ; battait et vainquait ; battit et vainquit etc., etc., et ainsi de suite pour tous les temps simples de l'indicatif, du conditionnel et du subjonctif. On dira pour ce dernier mode : que le général batte et vainque etc., etc. Si les temps sont au pluriel et simples, on suivra la même marche. On agira de même pour le singulier et le pluriel, lorsque les temps seront composés. Ex : vous et lui avez entendu et aperçu ; vous et lui eûtes entendu et aperçu etc., etc. et au subjonctif : que vous lui ayez entendu et aperçu etc., etc.

1. Le général bat et vainc. — 2. Les généraux battent et vainquent. — 3. Le bœuf rumine et mugit. — 4. Les bœufs ruminent et mugissent. — 5. Vous et moi nous travaillons et jouissons. — 6. Vous et lui avez entendu et aperçu. — 7. L'agneau et le loup se désaltèrent. — 8. La pluie est bienfaisante. — 9. Son frère a vu, distingué et connu. — 10. Tout homme naît et passe. — 11. Tu as mangé, bu et dormi. — 12. Elles chantent, cousent et finissent. — 13. Tu joues et grandis. — 14. Vous jouez et grandissez. — 15. Ils ont cru et pratiqué la religion. — 16. Un bon citoyen aime et défend son pays.

29me LEÇON.

Du verbe passif.

I. Nous avons déjà dit que le sujet du verbe passif reçoit, souffre l'action : *ce livre a été lu ; a été lu* est un verbe passif, puisque son sujet *livre* reçoit l'action ; mais si j'ajoute : a été lu *par votre frère*, on voit clairement que le complément *frère* fait l'action de lire, laquelle action est soufferte par le sujet *livre*. Ceci deviendra évident, si on tourne ce passif en actif, en disant : *votre frère a lu ce livre*. C'est *le frère*, devenu sujet du verbe actif *a lu*, qui fait l'action de lire , et cette action retombe sur *livre*, complément direct du verbe actif transitif *a lu*.

II. Le sujet du verbe passif répond à l'interrogation *qui est-ce qui?* pour les personnes, et *qu'est-ce qui?* pour les choses. Le complément répond à *par qui* ou *de qui?* pour les personnes, et *par quoi* ou *de quoi?* pour les choses. Qu'est-ce qui a été lu? *ce livre* (sujet qui reçoit l'action); par qui a-t-il été lu? *par votre frère* (complément qui fait l'action de lire).

III. On reconnaît le verbe passif, en mettant après lui *par quelqu'un, par quelque chose* ; *être encouragé* est passif, puisqu'on peut dire : être encouragé *par quelqu'un, par quelque chose* : cet élève est encouragé par le maître (*par quelqu'un*), par ses succès (*par quelque chose*).

IV. On reconnaît aussi qu'un verbe est au passif, en tournant le passif en actif. En effet, comme tout verbe actif transitif a un passif, ce qui n'existe pas pour les verbes actifs intransitifs (*neutres*), on peut tourner le verbe passif en actif, et réciproquement le verbe actif en passif; mais alors, comme nous venons de le dire, il y a changement de sujet et de complément. Ex. : Paul aime Pierre; *Paul* est ici sujet, et *Pierre* complément. Mais, en tournant par le passif, Pierre est aimé par Paul ou de Paul, *Pierre* devient sujet, et *Paul*, complément du verbe passif. Dans les deux cas, c'est Paul qui aime, et Pierre qui est aimé.

V. Le verbe passif se conjugue dans tous ses temps avec le verbe *être*, suivi du participe passé, remplissant la fonction d'adjectif, et pris dans le sens passif. Ce participe s'accorde en genre et nombre avec le mot auquel il se rapporte.

REMARQUE. Les temps du verbe passif, correspondant aux temps simples de l'actif, n'admettent que le verbe substantif *être* : je *suis* aimé; les temps composés empruntent, en outre, l'auxiliaire *avoir* : j'ai *été* aimé.

Paradigmes des verbes passifs.

INDICATIF.

Présent.

Je suis aimé ou aimée ;	fini ;	reçu ;	rendu.
Tu es aimé ou aimée ;	fini ;	reçu ;	rendu.
Il est aimé, elle est aimée ;	fini ;	reçu ;	rendu.

Nous sommes aimés ou aimées ;   finis ;   reçus ;   rendus.
Vous êtes aimés ou aimées ;   finis ;   reçus ;   rendus.
Ils sont aimés, elles sont aimées ;   finis ;   reçus ;   rendus.

Imparfait.

J'étais aimé ou aimée ;   fini ;   reçu ;   rendu.

Passé défini.

Je fus aimé ou aimée ;   fini ;   reçu ;   rendu.

** Passé indéfini.*

J'ai été aimé ou aimée ;   fini ;   reçu ;   rendu.

** Passé antérieur.*

J'eus été aimé ou aimée ;   fini ;   reçu ;   rendu.

** Plus-que-parfait.*

J'avais été aimé ou aimée ;   fini ;   reçu ;   rendu.

Futur.

Je serai aimé ou aimée ;   fini ;   reçu ;   rendu.

** Futur antérieur.*

J'aurai été aimé ou aimée ;   fini ;   reçu ;   rendu.

CONDITIONNEL.
Présent ou futur.

Je serais aimé ou aimée ;   fini ;   reçu ;   rendu.

** Passé.*

J'aurais été aimé ou aimée ;   fini ;   reçu ;   rendu.

** Ou bien :*

J'eusse été aimé ou aimée ;   fini ;   reçu ;   rendu.

IMPÉRATIF.
Présent ou futur.

Sois aimé ou aimée ;   fini ;   reçu ;   rendu.

SUBJONCTIF
Présent ou futur.

Que je sois aimé ou aimée ;   fini ;   reçu ;   rendu.

Imparfait.

Que je fusse aimé ou aimée ;   fini ;   reçu ;   rendu.

** Passé.*

Que j'aie été aimé ou aimée ;   fini ;   reçu ;   rendu.

** Plus-que-parfait.*

Que j'eusse été aimé ou aimée ;   fini ;   reçu ;   rendu.

INFINITIF.

Présent.

Être aimé ou aimée ;   fini ;   reçu ;   rendu.

Passé.

Avoir été aimé ou aimée ;   fini ;   reçu ;   rendu.

PARTICIPE.

Passé.

Aimée ou aimée — étant aimé ou aimée ; fini ;   reçu ;   rendu.

Passé antérieur.

Ayant été aimé ou aimée ;   fini ;   reçu ;   rendu.

29ᵐᵉ DEVOIR. — 1ʳᵉ SÉRIE.

Avis. 1° Conjuguer, par écrit, et selon le modèle offert dans la leçon, quatre verbes appartenant aux quatre conjugaisons. Au lieu de la 1ʳᵉ personne du singulier, on pourrait donner la 1ʳᵉ du pluriel ou une autre.

2° Indiquer la personne, le nombre, le genre (*selon l'indication*), le temps, le mode, la conjugaison active de chacun des verbes qui suivent ; y ajouter les temps primitifs de la voix active. Ex. : Il avait été sacrifié. (3ᵐᵉ pers. sing. masc. du plus-que-parfait de l'indicatif, 1ʳᵉ conjug. sacrifier, sacrifiant, sacrifié, je sacrifie, je sacrifiai.)

Il avait été sacrifié ; nous serons envahis ; tu as été ennuyé ; il eut été établi ; elle fut enhardie ; nous fûmes persécutés ; vous fûtes adoucis ; elles eussent été reconnues ; ils auront été aperçus ; tu aurais été ébloui ; elle serait attendrie ; avoir été contraint ; elle était portée ; soyez choisis ; nous serons endormis ; elles auraient été enrichies ; qu'elles eussent été admises ; tu fus engagé ; ayant été plainte ; qu'elle soit priée ; ayant été fabriqué ; elle sera appelée ; il eût été assuré ; que vous eussiez été remerciées ; soyez tranquillisés ; sois reprise ; tu étais réduit ; nous fûmes combattus ; nous serions desservis ; qu'il ait été vendu ; qu'elle eût été instruite ; soyons avertis ; elles avaient été plantées ; tu fus punie.

29ᵐᵉ DEVOIR. — 2ᵐᵉ SÉRIE.

Avis. 1° Mettre les verbes suivants à la 1ʳᵉ et à la 2ᵐᵉ personne plur. masc. du passé défini passif.

2° Reprendre ces mêmes verbes, et les mettre à la 3ᵐᵉ pers. sing. fém. de la 2ᵐᵉ forme du conditionnel passé passif. (*Elle est désignée par* : ou bien).

Protéger; découvrir; assiéger; reprendre; conduire; chauffer; instruire; apercevoir; complimenter; mettre; rejoindre; craindre; peindre; caractériser; annoncer; punir; vêtir; contenir; défendre; attendre; prescrire; interdire; chanter; recevoir; satisfaire; introduire; expédier; ployer; ensevelir; applaudir; promouvoir; battre; heurter; affaiblir; menacer; louer; cueillir.

3° Chercher le participe passé passif des verbes suivants mis au présent de l'infinitif actif, et le faire accorder en genre et en nombre avec le sujet.

1. Il est *trahir, avertir, découvrir, réprimander.* — 2. Nous (femmes) avons *été conseiller, reprendre, blâmer.* — 3. Tu (malfaiteur) seras *connaître, signaler, poursuivre, condamner.* — 4. Elle a *été enchanter, réjouir, entendre, complimenter.* — 5. Les dépenses avaient *été blâmer, défendre, couvrir.* — 6. Le taureau avait *été vaincre, abattre, tuer.* — 7. Les taureaux ont *été partager, vendre, cuire, manger.*

<h3 style="text-align:center">29me DEVOIR. — 3me SÉRIE.</h3>

<h3 style="text-align:center">SUJET. — L'HOMME. SON CORPS.</h3>

Tous les animaux ont un estomac et digèrent comme l'homme. Serait-ce un motif pour que l'homme pût être confondu avec les autres animaux? (1) Non, certes; car, comme il a été déjà dit, l'homme fut distingué par le Créateur, du reste des animaux, parce qu'il était mis sur la terre pour autre chose que pour digérer. Toutefois, puisqu'il s'agit ici de son estomac, il sera prouvé que cette partie même de son corps sert à manifester son domaine. (2) Le cormoram et le plongeon ont été créés avec un estomac propre à digérer la chair de poisson; aussi sont-ils toujours vus en quête au bord des rivières et des lacs. La colombe épie le moment où le laboureur se retirera après que la terre aura été ensemencée, pour aller s'y nourrir du grain qui y aura été répandu. Le lion et le tigre seront-ils attirés par la vue d'une verte prairie? Leur appétit pourrait-il être satisfait par quelques mesures d'avoine? Non, car leur estomac a été spécialement disposé pour que la chair des animaux terrestres y soit facilement digérée. Combien de services sont ren-

dus à l'homme par le bœuf et par le cheval! C'est par ces
animaux domestiques que ses terres sont labourées, que les
plus lourds fardeaux sont transportés, que les plus grandes
fatigues sont soutenues. Une excellente et forte nourriture
leur serait due, ce semble, en récompense de leurs pénibles travaux; et, cependant, ce serait en vain que des viandes d'une saveur exquise leur seraient offertes; ils s'en éloi-
gneraient avec dégoût, pour se jeter sur une poignée
d'herbe, qui leur aurait été présentée en même temps. Cette
herbe sera digérée par leur estomac, et non la chair.

Les animaux sont donc bornés par la disposition même
de leur estomac, à une certaine nourriture. (3) Mais l'estomac de l'homme n'a point été assujetti à une nourriture
spéciale; et, comme sa langue a été favorisée du discerne-
ment de toutes les saveurs qui sont partagées entre les animaux, il a dans son estomac la faculté de digérer tout ce qui
est bon et nourrissant. L'air, l'eau et la terre destinés à son
usage, travaillent également pour lui, et renouvellent. tous
les ans, une variété de nourritures, dont un très-grand
nombre ne sont utiles qu'à lui, ou même ne peuvent être
mises à profit que par lui.

Si quelques animaux, dont le nombre est même assez res-
treint, tels que le chien, le chat, le perroquet et le passe-
reau peuvent également être soutenus dans leur existence
par les fruits des plantes, par la chair des animaux ou par
des insectes, c'est afin que les restes les plus inutiles soient
consommés, et que la multiplication de certaines espèces
puisse être limitée. Tous ces appétits, toutes ces structures
d'estomac sont des ouvrages qui ont été variés selon les vues
de la Providence qui, embrassant tout, a voulu que tous les
inconvénients fussent prévenus, ou qu'il y fût remédié par
de sages précautions. Comment donc cette divine Providence
pourrait-elle être critiquée de ce que la vie d'une espèce à
été attachée à la capture d'un poisson; la vie d'une autre à
la chair des animaux; la vie d'une autre à la chair des
fruits ou même aux productions d'une seule plante? Une
telle censure serait évidemment entachée de témérité;
comme aussi les réserves faites en faveur de l'homme, ne
sauraient être condamnées, et (4) l'universalité de ses appétits ne saurait être blâmée sans une coupable injustice. Qu'il
nous soit donc bien prouvé que les contributions payées à

l'estomac de l'homme par tous les éléments, (5) attestent que, par la volonté du Maître suprême, le pouvoir de l'homme a été étendu sur toutes les créatures terrestres.

Avis. Indiquer tous les verbes passifs, ayant soin d'en faire connaître la personne, le nombre, le genre, le temps, le mode ; après quoi on donnera tous les temps primitifs de l'actif correspondant.

Questions. 1° L'homme peut-il être confondu avec les autres animaux, parce que, comme eux, il a un estomac, et que, comme eux, il digère ? 2° Les oiseaux aquatiques, la colombe, le lion etc., sont-ils bornés dans leur nourriture ? 3° Et l'homme ? 4° A qui Dieu a-t-il réservé l'usage général de toutes sortes de nourritures ? 5° Que prouve l'universalité des appétits de l'homme ?

50ᵐᵉ LEÇON.

Du verbe neutre ou actif intransitif.

I. Le verbe *neutre* est ainsi nommé, parce qu'il n'est ni purement actif, ni passif. Il ne peut pas avoir un complément direct comme le verbe actif transitif ; et c'est pour établir une différence entre ces deux sortes de verbes actifs, qu'on a employé les expressions de *transitif* et *intransitif*. Dans le verbe neutre l'action du sujet ne passe pas directement sur le complément, comme dans le verbe transitif. Aussi ne peut-on pas mettre *quelqu'un* ou *quelque chose* après le verbe neutre ; on a recours à une préposition : nuire *à* quelqu'un, parler *de* quelque chose, etc. Le verbe neutre ne peut point avoir de passif.

II. Parmi les verbes neutres, les uns prennent, pour former leurs temps composés, l'auxiliaire *avoir ;* d'autres, l'auxiliaire *être.* Comme les premiers, tels que *dormir, nuire, rire,* etc., suivent, soit pour les temps simples, soit pour les temps composés, la conjugaison des verbes actifs, dont nous avons déjà donné des paradigmes , nous nous abstiendrons d'en parler. Les seconds, tels que *tomber, partir, naître,* etc, se conjuguent, pour leurs temps simples, comme *aimer, finir, rendre* ; mais ils en diffèrent dans leurs temps composés, pour lesquels ils prennent l'auxiliaire *être.*

III. Il y a des verbes qui sont *essentiellement* neutres, tels que *partir, tomber, jouir,* etc. ; d'autres qui ne le sont qu'*accidentellement,* comme *frapper* dans *frapper fort ; écrire,* dans *écrire en vers et en prose.* Ces verbes accidentellement neutres peuvent être pris, selon le cas, dans le sens du verbe actif: frapper *quelqu'un* ; écrire *une lettre*.

Nota. Regardant comme inntile de revenir snr les temps simples, nous ne donnons ici que les temps composés, accompagnés du verbe *être*.

Des verbes neutres se conjuguant avec être.

TEMPS PRIMITIFS.

Tomber ; tombant ; tombé ; je tombe ; je tombai.
Partir ; partant ; parti ; je pars ; je partis.
Naître ; naissant ; né ; je nais ; je naquis.

TEMPS COMPOSÉS.

INDICATIF.

Passé indéfini

Je suis tombé ou tombée;	parti;	né.
Nous sommes tombés ou tombées ;	partis;	nés.

Passé antérieur.

Je fus tombé ou tombée;	parti;	né.
Nous fûmes tombés ou tombées;	partis;	nés.

Plus-que-parfait.

J'étais tombé ou tombée;	parti;	né.
Nous étions tombés ou tombées ;	partis;	nés.

Futur antérieur.

Je serai tombé ou tombée ;	parti;	né.
Nous serions tombés ou tombées ;	partis;	nés.

CONDITIONNEL.

Passé.

Je serais tombé ou tombée;	parti;	né.
Nous serions tombés ou tombées ;	partis;	nés.

Ou bien :

Je fusse tombé ou tombée ;	parti;	né.
Nous fussions tombés ou tombées ;	partis;	nés.

SUBJONCTIF.

Passé.

Que je sois tombé ou tombée ;	parti;	né.
Que nous soyons tombés ou tombées ;	partis;	nés.

Plus-que-parfait.

Que je fusse tombé ou tombée ;	parti;	né.
Que nous fussions tombés ou tombées ;	partis;	nés.

INFINITIF.

Passé.

Être tombé ou tombée ;	parti;	né.
Être tombés ou tombées ;	partis;	nés.

PARTICIPE.

Passé.

Tombé ou tombée ;	parti;	né.
Tombés ou tombées ;	partis;	nés.

Passé antérieur.

Étant tombé ou tombée ;	parti;	né.
Étant tombés ou tombées ;	partis;	nés.

50me DEVOIR. — 1re SÉRIE.

Avis. 1° Conjuguer sur les paradigmes quelques verbes neutres tels que *monter, mourir, descendre,* qui prennent l'auxiliaire *être* dans leurs temps composés, (monter, descendre, expirer et d'autres, prennent l'auxiliaire *être* quand ils sont considérés comme verbes neutres).

2° Indiquer la personne, le nombre, le genre, le temps, le mode, la conjugaison de chacun des verbes suivants ; en faire connaître les temps primitifs.

Ils seront tombés; qu'ils soient partis; ils fussent nés; qu'ils fussent morts; elles seraient rentrées; vous êtes descendus; nous étions arrivées; ils furent arrivés; être sorti; que tu fusses sortie; il sera venu; qu'il soit monté; qu'il fût allé; elle serait devenue; vous êtes venus; il serait monté; elles sont montées; que tu fusses parti; nous fûmes parties; le temps était expiré; l'époque serait expirée; les temps étant venus; les époques étant venues; qu'ils soient allés; qu'elles soient allées.

50me DEVOIR. — 2me SÉRIE.

Avis. 1° Conjuguer le plus-que-parfait de l'indicatif et celui du subjonctif des verbes neutres suivants : venir, arriver, descendre, mourir, expirer, apparaître, survenir, monter, aller, entrer, parvenir, déchoir, décéder.

2° Agir pour les phrases suivantes, comme au 3° du 29me dev. 2me sér.

1. Cette enfant est *naître* et *mourir* dans les vingt-quatre heures. — 2. Nos généraux sont *partir* et *revenir* victo-

rieux. — 3. L'époque sera *venir* et *expirer*. — 4. Les voyageurs étaient *arriver* et *sortir*. — 5. Cette famille autrefois *déchoir* est *devenir* plus riche qu'auparavant. — 6. Notre armée est *partir* et *revenir* en six années.

3° Corriger les fautes de grammaire; donner la raison.

1. L'étude et les connaissances *propre* à former l'esprit et le *cœurs doit* occuper avant tout les *jeune* écoliers. — 2. Les connaissances *inspire* les *goût* sérieux et *solide*, *écarte* les amusements *frivole*, attachent *à les* devoirs essentiels. — 3. Pendant une *violent* tempête les *mât* des *vaisseau* sont *rompu*, les voiles sont *déchiré*. — 4. C'est la providence qui *donnent* des *maître* aux *peuple* dans sa *colères* ou dans sa *bontés*, selon les vues de sa sagesse *infini*.

50me DEVOIR. — 3me SÉRIE.

SUJET. — L'HOMME. SON AME.

Après tout ce que *nous venons* de dire sur les nombreux avantages corporels par lesquels l'homme *excelle* entre toutes les créatures, on ne peut plus *douter* que Dieu n'ait voulu que tout ce qui *existe* sur la terre *tombât* dans le domaine de l'homme, de telle sorte qu'*il gouvernât* toutes choses, et qu'*il* en *usât* en maître. Mais jusqu'à présent son gouvernement ne nous *est apparu* que par les dehors. Nous n'*avons* encore *parlé* que des ministres destinés à lui rendre compte, à l'*avertir*, à lui *obéir*. *Arrivons* au gouverneur même, c'est-à-dire, à l'esprit de l'homme. *Nous tâcherons* de ne pas *aller* au-delà de ce qu'il *convient* d'en savoir.

Tout ce qui est sur la terre est *régi* et administré par le corps de l'homme; c'est ce que *nous sommes parvenus* à connaître précédemment. (1) Mais le corps de l'homme *marche* et *agit* sous le commandement de son esprit, qui *devient* ainsi le modérateur de tout. Un roi n'est pas roi, ou n'est roi que de nom, s'*il manque* du pouvoir et de la force nécessaires pour *faire* qu'*on* lui *obéisse*; s'il n'a pas l'intelligence et le conseil pour *aviser* à tout ce qu'il doit *mettre* en ordre; s'il n'a pas enfin le libre choix de *prendre* les moyens les plus propres pour y *réussir*. (2) Afin que l'esprit de l'homme use de son domaine, il doit donc *jouir* d'une puissante autorité qui lui *soumette* tout ce qui *dépend*

IV.   12 de son domaine; d'une intelligence qui lui *suffise* pour connaître les objets de ses opérations; enfin du libre choix des moyens qui lui conviennent le mieux pour *profiter* de chaque chose. Si nous *parvenons* à *prouver* que toutes ces facultés *résident* dans l'homme, et qu'il est le seul qui en jouisse, nous aurons *achevé* de faire sentir qu'il est l'image de Dieu sur la terre, et qu'il *est destiné* à y gouverner tout, et à *se servir* de tout par un légitime emploi.

Avant d'*entrer* dans les explications que *comporte* cette matière, nous *engageons* à réfléchir sur les lignes suivantes, qui sont applicables à l'homme considéré toutefois comme être créé. « (5) Si Dieu est le Seigneur de toutes choses, c'est par sa toute-puissance, qui *a* tout *créé*; par sa sagesse infinie, qui *connait* tout; par sa suprême liberté, qui *choisit* ce qui est bon et ce qui lui *convient* le mieux. »

Avis. Parmi les verbes indiqués par des lettres italiques les uns, et c'est le plus grand nombre, sont neutres, les autres sont actifs ou passifs. L'élève devra faire connaître la personne, le nombre, le temps, le mode, le genre; dire si le verbe est passif ou neutre; en outre il dira si le verbe neutre emprunte l'auxiliaire *être* ou l'auxiliaire *avoir*; il finira cette explication par les temps primitifs.

Questions. 1º Le corps agit-il par lui-même? 2º Quelles sont les conditions nécessaires pour que l'homme use du domaine que Dieu lui a destiné sur la terre? 3º Comment Dieu est-il le Seigneur de toutes choses?

51ᵐᵉ LEÇON.

Du Verbe pronominal.

1. On entend par verbe *pronominal* celui qui se conjugue avec deux pronoms de la même personne. Dans les troisièmes personnes seulement, le premier pronom, servant de sujet, peut-être remplacé par un nom : je me loue (je, me, pron. 1ᵗᵉ pers, sing.); tu te loues (tu, te, pron. 2ᵐᵉ pers. sing.); il se loue (il, se, pron. 3ᵐᵉ pers. sing.); l'orgueilleux se loue (orgueilleux nom, 3ᵐᵉ pers. sing. se, pron. 3ᵐᵉ pers. sing). On dirait de même pour les trois personnes du pluriel.

Note. Dans notre grammaire complète nous établirons une distinction entre les verbes pronominaux.

Dans les verbes pronominaux, les temps simples suivent la conjugaison à laquelle ils appartiennent. Les temps composés y prennent toujours l'auxiliaire *être* avec le participe passé.

Verbes pronominaux des quatre conjugaisons.

Se louer ;   se repentir ;   se mouvoir ;   se plaindre.

INDICATIF.

Présent.

Je me loue ;	me repens ;	me meus ;	me plains.
Tu te loues ;	te repens ;	te meus ;	te plains.
Il se loue ;	se repent ;	se meut ;	se plaint.
Nous nous louons ;	nous repentons ;	nous mouvons ;	nous plaignons.
Vous vous louez ;	vous repentez ;	vous mouvez ;	vous plaignez.
Ils se louent ;	se repentent ;	se meuvent ;	se plaignent.

Imparfait.

Je me louais ;	repentais ;	mouvais ;	plaignais.
Nous nous louions ;	repentions ;	mouvions ;	plaignions.

Passé défini.

Je me louai ;	repentis ;	mus ;	plaignis.
Nous nous louâmes ;	repentîmes ;	mûmes ;	plaignîmes.

* *Passé indéfini.*

Je me suis loué ou louée ;	repenti ;	mû ;	plaint.
N. n. sommes loués ou louées ;	repentis ;	mus ;	plaints.

* *Passé antérieur.*

Je me fus loué ou louée ;	repenti ;	mû ;	plaint.
N. n. fûmes loués ou louées ;	repentis ;	mus ;	plaints.

* *Plus-que-parfait.*

Je m'étais loué ou louée ;	repenti ;	mû ;	plaint.
N. n. étions loués ou louées ;	repentis ;	mus ;	plaints.

Futur.

Je me louerai ;	repentirai ;	mouvrai ;	plaindrai.
Nous nous louerons ;	repentirons ;	mouvrons ;	plaindrons.

* *Futur antérieur.*

Je me serai loué ou louée ;	repenti ;	mû ;	plaint.
N. n. serons loués ou louées ;	repentis ;	mus ;	plaints.

CONDITIONNEL.

Présent ou futur.

Je me louerais ;	repentirais;	mouvrais; plaindrais.
Nous nous louerions ;	repentirions;	mouvrions; plaindrions.

* *Passé.*

Je me serais loué ou louée;	repenti ;	mû ;	plaint.
N. n. serions loués ou louées;	repentis ;	mus ;	plaints.

* *Ou bien :*

Je me fusse loué ou louée ;	repenti ;	mû ;	plaint.
N. n. fussions loués ou louées;	repentis ;	mus ;	plaints.

IMPÉRATIF.

Présent ou futur.

Loue-toi ;	repens-toi ;	meus-toi; plains-toi.
Louons-nous ;	repentons-n.;	mouvons-n.; plaignons-n.

SUBJONCTIF.

Présent ou futur.

Que je me loue ;	repente ;	meuve;	plaigne.
Que nous nous louions ;	repentions ;	mouvions;	plaignions.

Imparfait.

Que je me louasse ;	repentisse ;	musse;	plaignisse.
Que nous nous louassions ;	repentissions;	mussions;	plaignissions.

* *Passé.*

Que je me sois loué ou louée ;	repenti ;	mû ;	plaint.
Que n. n. soyons loués ou louées;	repentis ;	mus ;	plaints.

* *Plus-que-parfait.*

Que je me fusse loué ou louée;	repenti ;	mû ;	plaint.
Que n. n. fussions loués ou louées;	repentis ;	mus ;	plaints.

INFINITIF.

Présent.

Se louer ;	se repentir ; se mouvoir; se plaindre.

* *Passé.*

S'être loué ou louée ;	repenti ;	mû ; plaint.

PARTICIPE.

Présent.

Se louant ;	se repentant; se mouvant; se plaignant.

* *Passé antérieur.*

S'étant louée ou louée ;	repenti ;	mû ;	plaint.
S'étant loués ou louées ;	repentis ;	mus ;	plaints.

Remarque. Aux troisièmes personnes du singulier et du pluriel de chaque temps, au lieu des pronoms il, elle, ils, elles, on peut mettre un nom, ou bien l'adjectif relatif qui, que, lequel, laquelle, lesquels, etc. : *l'enfant, la fille,* se repent, au lieu de *il, elle; les enfants, les filles* se répentent, au lieu, de *ils, elles.* Les hommes *qui* s'élèvent, seront humiliés ; *qui* est sujet du verbe pronominal s'élèvent.

31me DEVOIR. — 1re SÉRIE.

Avis. 1º Conjuguer sur les paradigmes, quelques verbes tels que *se flatter, s'endormir, s'apercevoir, se peindre.*

2º Indiquer la personne, le nombre, le genre, (pour les temps composés), le temps, le mode, la conjugaison des verbes pronominaux qui suivent.

1. L'enfant qui *s'habitue* à la paresse, *s'expose* à se précipiter dans d'autres vices. — 2. Si *vous vous êtes reconnus* coupables, *empressez-vous* de *vous corriger.* — 3. Cette mère qui *s'était réjouie* si souvent d'avoir un enfant, *s'est désolée* en apprenant qu'il *s'était avili* par une mauvaise conduite. — 4. *Vous ne vous plaindrez* jamais de votre sort, si *vous vous conduisez* bien. — 5. *Ils ne se seraient* jamais *plaints* de leur sort, s'ils *s'étaient* bien *conduits.* — 6. *Je m'étonne* que ces voyageurs *se soient égarés,* après *s'être* si bien *renseignés.* — 7. Ces ouvrières *se sont empressées* de terminer l'ouvrage dont *elles s'étaient chargées.* — 8. *Prépare-toi* pendant que *je me disposerai* moi-même à partir.

31me DEVOIR. — 2me SÉRIE.

Avis. Dans les phrases qui suivent, changer le singulier en pluriel, et le pluriel en singulier. Quant aux temps composés, l'infinitif devra être remplacé par le participe passé, avec l'accord et le changement.

1. Le paresseux s'amuse et s'endort. — 2. Les flatteurs s'avilissent et se déshonorent. — 3. Le coupable se repentit et s'amenda. — 4. La lionne s'irrite et se détruit. — 5. Le vent s'apaisait. — 6. Les coupables se sont *reconnaître* et *humilier.* — 7. L'armée s'est *battre* et s'est *rallier.* — 8. Les troupes se sont *réunir* et se sont *défendre.*

2º Corriger les fautes de grammaire; motifs de la correction.

Urbain II, souverain *pontifes* et *successeurs* de Victor III, voulant procurer du secours *à les* chrétiens du Levant, *menacé* par les *Sarrasin,* vint en *France* en 1095. *Il* y tint un *conciles* à *clermont*, ville d'*auvergne*, pour faire approuver le projet que *pierre l'ermite avaient* le premier *conçu*, de *enlever au* Sarrasins la Terre-Sainte. Cette fameuse *guerres*, ainsi que celles qui la suivirent, *furent* tout aussi imprudemment entreprise que mal conduite. La marque de ceux qui s'engagèrent dans *cet* expédition, *étaient* une croix *rouges cousues* sur *leur* épaules.

31me DEVOIR. — 3me SÉRIE.

SUJET. — L'HOMME. ACTIVITÉ DE SON AME.

En nous occupant de l'esprit de l'homme, nous nous sommes entretenus de l'activité qui lui est indispensable pour qu'il puisse se soumettre tout ce qui se trouve sujet à son domaine. Cette puissante activité de l'homme, premier fondement de sa gloire et de sa ressemblance avec Dieu, s'est révélée jusqu'à présent à nous dans la simple inspection des organes du corps. Nous pourrions aussi nous convaincre de l'existence de cette activité, par l'énumération des ouvrages dont elle embellit toute la terre. Mais nous nous contenterons ici de dire, en général, qu'après la Religion divine à laquelle l'homme s'est vu appelé par la miséricorde de Dieu, le plus grand honneur dont il puisse se glorifier, c'est (1) d'être, sur la terre, inventeur et suprême ordonnateur. (2) L'homme doit se reconnaître inventeur, puisqu'il met, sur la terre, des ouvrages de toutes espèces, que Dieu n'y avait pas mis. Il doit se regarder comme ordonnateur, et il l'est en effet, puisqu'il s'occupe, sans cesse, tantôt du règlement de sa propre conduite, tantôt de la direction de diverses entreprises qui s'exécutent, les unes sous ses yeux ; les autres, loin de lui ; d'autres, jusqu'au bout du monde.

(3) Le castor se construit une loge ; le renard se creuse une tanière ; l'oiseau se fait un nid ; le lièvre se retire dans son gîte. Ne leur demandez rien de plus. Par suite d'une impression invincible et uniforme, ils se trouvent conduits sans raisonnement à produire des ouvrages qui ne varient point. S'ils raisonnaient, leurs ouvrages s'en ressentiraient, c'est-à-dire, qu'ils seraient variés, comme leurs raisonnements. Mais l'homme, en recevant l'impression d'une activité qui lui rend l'inaction haïssable, n'a pas été borné à une méthode, ou à une façon unique de s'occuper : Dieu a voulu

qu'il se livrât à son raisonnement et à son propre conseil.
L'homme cherche ; il éprouve, il délibère, il combine, il
forme de nouvelles remarques, de nouveaux projets et de
nouveaux ouvrages ; et, lorsqu'il s'est instruit suffisamment,
il fait sortir de son génie et de sa main des choses dont il n'y
avait pas de modèle dans la nature : un moulin, un fusil,
une montre. (4) Non-seulement il imite Dieu, en introdui-
sant ici ce qui n'y avait jamais paru ; mais, de même que
Dieu, il ne cesse d'agir. Comme lui, il conserve et renouvelle
toutes ses premières productions ; comme lui, il réforme ce
qui se dérègle, et rétablit l'ordre où il s'est affaibli.

Nous nous garderons bien de dire que l'homme exerce,
comme Dieu, la toute-puissance ; ce serait nous rendre coupables de blasphème. (5). L'homme n'est pas créateur ; il
ne peut qu'arranger ce qui est fait. Mais, s'il se rencontre
dans les langues humaines un mot capable d'exprimer nettement la faculté qu'a l'homme de produire toutes sortes de
nouveautés sur la terre, et d'entretenir le bien qu'il y a mis
précédemment, ce mot sera le tableau de la puissance de
l'homme et l'abrégé de sa gloire, puisqu'il sera l'expression
de cette activité par laquelle il se rapproche le plus du
Créateur.

Avis. Indiquer tous les verbes pronominaux, en faisant connaître
la personne, le nombre, le *genre* (pour les temps composés), le temps,
le mode, la conjugaison, et en outre, le sujet de ceux qui sont à un
mode personnel.

Questions. 1° En quoi l'activité est-elle honorable pour l'homme ?
2° Comment est-il inventeur et ordonnateur ? 3° Ne peut-on pas dire
la même chose des animaux ? 4° En quoi l'activité donne-t-elle à
l'homme une ressemblance avec Dieu ? 5° L'homme est-il créateur ?

52ᵐᵉ LEÇON.

Du verbe impersonnel.

1. On appelle *impersonnels* les verbes qui ne s'emploient
généralement qu'à la troisième personne du singulier. Ces
verbes se conjuguent comme les paradigmes de la conjugaison à laquelle ils appartiennent.

Nota. Nous avons ajouté le mot *généralement* ; nous donnerons l'explication de ce mot dans notre grammaire complète, où nous nous
étendrons davantage au sujet des verbes impersonnels.

INDICATIF.

Présent. Il faut. — *Imparfait*. — Il fallait. — *Passé défini*. Il fallut. — *Passé indéfini*. * Il a fallu. — *Passé antérieur*. * Il eut fallu. — *Plus-que-parfait*. * Il avait fallu. — *Futur*. Il faudra. — *Futur antérieur*. * Il aura fallu.

CONDITIONNEL.

Présent ou futur. Il faudrait. — *Passé*. * Il aurait fallu. — *Ou bien:* * Il eût fallu.

Pas d'impératif.

SUBJONCTIF.

Présent ou futur. Qu'il faille. — *Imparfait*. Qu'il fallût. — *Passé*. * Qu'il ait fallu. — *Plus-que-parfait*. * Qu'il eût fallu.

INFINITIF.

Présent. Falloir. — *Passé*. * Avoir fallu.

PARTICIPE.

Présent. Inusité. — *Passé*. Fallu. *Passé antérieur*. * Ayant fallu.

On conjugue de même *il pleut, il neige, il tonne, il arrive, il résulte, il importe, il s'ensuit*, etc. Parmi ces verbes il en est trois, *il arrive, il résulte, il s'ensuit*, qui prennent l'auxiliaire *être* dans leurs temps composés.

32ᵐᵉ DEVOIR. — 1ʳᵉ SÉRIE.

Avis. — 1° Conjuguer par écrit, sur le paradigme *il faut*, et suivant la conjugaison à laquelle ils appartiennent, les sept verbes indiqués dans la 32ᵐᵉ leçon. En cas d'insuffisance, en voici quelques autres : *il grêle, il convient, il suffit*, avec l'auxiliaire *avoir*; *il se dit, il se passe, il s'agit*, avec l'auxiliaire *être*; *il est dit, il est cru, il est rapporté*, impersonnels passifs, avec l'auxiliaire *être* dans les temps qui sont simples à l'actif. Ex. : *il est dit, il était dit, il fut dit* etc., et avec les deux auxiliaires dans les temps qui sont composés à l'actif : Ex : *il a été dit, il eut été dit, il avait été dit.*

On peut aussi remplacer, *il* par *on : On a cru, on avait cru* etc.; *on dit, on disait, etc; on a dit, on avait dit, etc.*

2° Indiquer le temps, le mode, la conjugaison des verbes suivants.

Il eût importé; il eut importé ; il importerait; il se faisait; il s'était fait; qu'il se fît; il s'ensuivit ; il s'en était suivi ; il aurait été rapporté; qu'il eût été raconté; il aurait grêlé; il neigea; il eut neigé; il cût neigé; qu'il ait tonné; il a été connu; il aurait convenu (convenable); il a été convenu (convention); il sera stipulé; il a été arrêté; il aurait été arrêté; qu'il soit dit; qu'il fût fait; on prétend; on avait raconté; on aura dit; on s'assemblera.

52ᵐᵉ DEVOIR. — 2ᵐᵉ SÉRIE.

Avis. Conjuguer tous les temps composés des verbes suivants pris impersonnellement.

Il a plu ; il a été nécessaire ; il est arrivé ; il a importé ; il s'est dit ; il a été dit ; il a été rapporté ; on a cru ; on s'est salué ; il a été convenu ; on est convenu ; il a été arrêté ; il a été compris ; il s'est confirmé ; il y a eu ; il a neigé ; il a semblé.

52ᵐᵉ DEVOIR. — 5ᵐᵉ SÉRIE.

Avis. 1º Indiquer le temps, le mode, la conjugaison des verbes impersonnels qui se trouvent dans les phrases suivantes.

I. Ne vous semble-t-il pas qu'il eût mieux valu suivre mon conseil ? — 2. Qu'est-il résulté de votre démarche ? — 5. On ne croit pas au menteur, même quand il dit la vérité. — 4. S'il pleuvait encore un mois, il s'ensuivrait de grands désastres. — 5. Il eût été préférable qu'il neigeât. — 6. Il est généralement reconnu que les céréales ne souffrent plus du froid, quand il a neigé en abondance. — 7. Vous aurait-on raconté le sinistre fâcheux qui a eu lieu dans nos contrées? — 8. Il vous eût importé de choisir un ami sage et studieux. — 9. Il serait impie, absurde, de dire qu'il n'existe pas un Être suprême de qui nous dépendons en toutes choses. 10. Il avait été stipulé dans le contrat de partage qu'il posséderait la maison paternelle. — 11. Il fut convenu que les terres me seraient allouées. — 12. Il faut que chacun sache se contenter de son sort. — 13. Il est bien reconnu que la justice est la dette des rois, et que cette dette est de tous les jours. — 14. Il vaut mille fois mieux que vous ne soyez jamais riche, que d'être un seul jour mauvais riche.

2º Transcrire de nouveau les phrases ci-dessus et indiquer, avec leurs sujets, tous les verbes qui ne sont pas impersonnels.

55ᵐᵉ LEÇON.

Du participe.

I. Le *participe* est ainsi appelée parce qu'il tient du verbe et de l'adjectif : du verbe, en ce qu'il en a l'action et les compléments ; de l'adjectif, en ce que, comme ce mot, il exprime une manière d'être, un état etc.

II· Il y a deux sortes de participes : le participe *présent* et le participe *passé*.

1° Le participe présent, toujours terminé en *ant* et invariable, exprime une action présente ; il admet les mêmes compléments que le verbe d'où il vient : la pluie *nuit* aux récoltes, la pluie *nuisant* aux récoltes ; nos soldats *gagnent* la victoire, nos soldats *gagnant* la victoire ; l'enfant *donne* du pain au pauvre, l'enfant *donnant* du pain au pauvre. On voit par ces exemples que les participes présents *nuisant*, *gagnant*, *donnant*, expriment la même action, et ont les mêmes compléments que *nuisent*, *gagnent et donnent*, qui appartiennent au mode indicatif.

2° Le participe passé exprime une action passée. Dans le sens actif, il a une terminaison unique, comme le participe présent : l'enfant *a lu*, *ayant lu* le livre, l'histoire ; la fille *a lu*, *ayant lu* le livre, l'histoire ; les enfants, les filles *ont lu*, *ayant lu* le livre, les livres, l'histoire, les histoires.

Dans le sens passif, le participe est adjectif, et il s'accorde en genre et en nombre avec le nom ou le pronom auquel il se rapporte : le livre *lu*, ayant été *lu*, sera *lu* ; l'histoire *lue*, ayant été *lue*, sera *lue* ; les livres *lus*, ayant été *lus*, seront *lus* ; les histoires *lues*, ayant été *lues*, seront *lues*.

III. Les participes passés soit actifs, soit passifs, admettent les mêmes compléments, et expriment la même action que les verbes d'où ils viennent. Il aima *l'étude*, ayant aimé *l'étude* ; donner *au pauvre*, ayant donné *au pauvre* ; la leçon a été récitée *par l'élève*, la leçon récitée, ayant été récitée *par l'élève*.

Nota. Dans notre grammaire complète, nous donnerons à la question des participes un plus ample développement. Nous établirons aussi une distinction entre le participe présent, toujours invariable, et l'adjectif verbal, qui est variable.

33me DEVOIR. — 1re SÉRIE.

Avis. Mettre 1° au participe présent les verbes qui se trouvent entre parenthèses.

1. L'élève (épeler, lire, apprendre, répéter, réciter, savoir, comprendre, retenir) ses leçons. — 2. Les soldats (ignorer, demander, étudier, connaître, pratiquer, raisonner, enseigner) les règlements militaires. — 3. La marchande (voir,

apprécier, acheter, avoir, vanter, vendre, reprendre, rafraîchir, reproduire) des marchandises. — 4. Les lois (défendre, blâmer, poursuivre, punir, flétrir) les vols.

Remarque sur l'accord et sur le complément du participe présent. (*Voir la* 33me *leçon*).

2° Au participe passé actif.

1. Nous avons (inviter, presser, attendre, recevoir, fêter, retenir, égayer, accompagner) nos bons amis. — 2. La petite fille aura (épeler, lire, apprendre, répéter, réciter, savoir, comprendre, retenir) ses leçons. — 3. Les soldats avaient (ignorer, demander, étudier, connaître, pratiquer, raisonner, enseigner) les règlements militaires. — 4. Les lois ont (défendre, blâmer, poursuivre, punir, flétrir) les vols.

Remarque sur l'accord et sur le complément du participe passé actif. (*même leçon*).

3° Au participe passé passif.

1. Les leçons ont été (épeler, lire, apprendre, répéter, réciter, savoir, comprendre, raisonner, retenir) par l'élève. — 2. Les cerfs seront (chercher, découvrir, poursuivre, fatiguer, prendre, conduire, tuer, partager, cuire, manger) par les chasseurs. — 3. Le bon fils est toujours (chérir, encourager, soutenir, récompenser) par ses parents. — 4. Les voleurs sont (poursuivre, interroger, reprendre, juger, condamner, punir, mépriser, flétrir) par les magistrats.

Remarque sur l'accord et sur le complément du participe passé passif. (*même leçon*).

33me DEVOIR. — 2me SÉRIE.

Avis. 1° Dans les phrases suivantes prendre chaque participe, indiqué par des lettres italiques, et prouver, comme par les exemples de la 33me leçon, qu'il admet le même complément que le verbe d'où il vient, et qu'il exprime la même action; prendre pour cela dans le même verbe un temps quelconque qui soit à un mode personnel.

1. J'ai vu les vainqueurs *poursuivant* l'armée mise en déroute. — 2. Je comprends l'homme *remplissant* son devoir. — 3. Ayez pitié des hommes *tourmentés* par la maladie. — 4. J'estime un enfant *touché* des soins maternels. — 5. Avez-vous vu le vautour se *précipitant* sur sa

proie ? — 6. Les flammes s'élevaient *entretenues* par des matières combustibles. — 7. *Ayant vu* les hirondelles réunies, j'ai admiré leur instinct. — 8. Elles allaient partir *redoutant* les frimas. — 9. Qu'il est beau de voir les fruits *suspendus* aux arbres ! — 10. La reine *ayant admiré* la maison *construite* par ces ouvriers, leur a adressé des éloges bien mérités. — 11. Quel bonheur pour un roi et une reine de se voir *chéris* et *respectés* de leurs sujets !

2° Transcrire de nouveau ces phrases et indiquer les verbes à un mode personnel, avec le sujet et le complément direct. On omettra ceux qui sont sans complément..

55me DEVOIR. — 5me SÉRIE.

SUJET, — L'HOMME. SON TRAVAIL.

En parlant, dans le sujet précédent, de la faculté qui a été accordée à l'homme de produire toutes sortes de nouveautés sur la terre, et d'entretenir le bien qui a été opéré précédemment par ses soins, nous avons désiré trouver un mot qui fût le tableau de la puissance de l'homme, et l'abrégé de sa gloire. Cette expression a été trouvée : c'est le travail. L'homme exerçant son activité, travaillant sur tout ce qui est contenu sur la terre et dans la terre, sera donc l'image de Dieu.

(1) Le travail n'est que l'exercice de cette activité si féconde par laquelle l'homme forme une suite de pensées utiles, et au moyen de laquelle divers ouvrages extérieurs sont produits, entre'enus et perfectionnés par lui. Le travail est donc le premier fondement de la vraie grandeur de l'homme, comme la toute-puissance est le principe des œuvres de Dieu et de sa gloire.

(2) Il est vrai qu'aujourd'hui le travail de l'homme est accompagné d'obstacles et de sueurs. Il est rude et pénible : c'est une condition du travail actuel de l'homme, condition à laquelle Dieu n'a jamais été assujetti, et ne sera jamais assujetti. En cela, certes, l'homme n'est pas l'image de Dieu.

(3) Mais, quoique la lassitude et la peine aient été décrétées par l'Éternel, comme la juste punition et le salutaire exercice de l'homme pécheur ; quoique le travail lui soit devenu d'autant plus indispensable, qu'il y est con-

damné, le travail n'a pas cessé, pour cela, d'être encore ce qu'il était dans son origine : c'est la vocation de l'homme. L'oiseau est fait pour voler, et l'homme est fait pour travailler. De même que les œuvres de Dieu, dans leur création et dans leur perpétuité, sont l'exercice non interrompu de sa toute-puissance, ainsi le travail est l'exercice perpétuel de la puissance de l'homme.

Voici les paroles écrites dans les livres saints : « Dieu ayant pris l'homme formé par lui à son image et à sa ressemblance, le mit dans le paradis de délices, afin qu'il le cultivât. » L'homme, même innocent, a donc été destiné au travail. Aussi est-il bien reconnu qu'il (4) imite le Créateur, quand il donne l'essor à son activité, soit en cultivant la terre et en en faisant prospérer les productions, soit en laissant son génie produire des œuvres conformes à la volonté du Maître suprême. Mais, au contraire, autant il travaille languissamment ou s'abstient même de travailler, autant il détruit en lui l'image de Celui qui a créé le monde, et qui ne cesse d'y reproduire ou d'y entretenir ce qu'il y a fait paraître dès le commencement.

Telle est la condition dans laquelle se trouve placée la créature raisonnable. Rien de plus grand qu'elle sur la terre, quand, usant de son activité, elle embellit son domaine par quelque travail. (5) Cesse-t-elle de travailler, la voilà réduite à l'état d'une statue, chargeant la terre d'un fardeau inutile.

Avis. Indiquer chaque participe, en déterminant s'il est présent, ou passé actif, ou passé passif, soit seul, soit accompagné du verbe *être* ; désigner la conjugaison à laquelle il appartient, et en donner ensuite les temps primitifs.

Questions. 1º Qu'exprime ce mot, travail ? 2º Quelle différence y a-t-il entre le travail de l'homme innocent, tel qu'était Adam avant sa désobéissance aux ordres de Dieu, et celui de l'homme devenu pécheur par suite de cette désobéissance ? ? 3º Pourquoi Dieu a-t-il condamné l'homme pécheur à la lassitude et à la peine dans son travail ? 4º Que doit faire l'homme pour imiter Dieu sur la terre ? 5º Que doit-on penser de l'homme inactif ?

54ᵐᵉ LEÇON.
De l'adverbe.

I. *L'adverbe* est ainsi appelé parce qu'il se joint le plus souvent au verbe. Il en modifie l'action, c'est-à-dire, qu'il en marque telle ou telle signification, tel ou tel état. Ainsi, dans cette phrase : *cet orateur a parlé*, il n'est pas dit de quelle manière il a parlé. Mais un adverbe en fixera le sens : *bien, mal, passablement, énergiquement, mollement, long-temps, brièvement*, etc. On voit que chacun de ces adverbes modifie l'action du verbe *a parlé*.

L'adverbe modifie aussi 1° un *nom*, qui est pris alors adjectivement, comme *vraiment* orateur, *sincèrement* ami ; 2° un *adjectif*, comme *plus, moins, très-habile*; 3° un *participe*, comme chantant *délicieusement, agréablement* situé; 4° un adverbe, comme *fort* bien, *plus* franchement.

II. L'adverbe est *invariable ;* il n'admet ni genre, ni nombre, comme le font le nom, l'article, l'adjectif, le pronom, le participe ; ni personnes, comme le verbe. Ces six premières parties du discours sont dites, pour cette raison, *variables*; les quatre autres sont *invariables*.

III. L'adverbe peut exprimer différentes sortes de modifications. Nous allons faire connaître les principales pour la facilité du devoir.

MODIFICATION

1° De LIEU. Ici, là, dedans, dehors, dessus, derrière, de près, auprès, alentour, partout, ailleurs, y, où, etc.

2° De QUANTITÉ. Plus, moins, peu, beaucoup, assez, si, aussi, tant, autant, trop, combien, que, presque, encore, etc.

3° De TEMPS. Aujourd'hui, demain, hier, jamais, alors, auparavant, tôt, longtemps, après, autrefois, toujours, etc.

4° De MANIÈRE. Tous les adverbes, en général, formés d'adjectifs et terminés en *ment*, comme généreusement, copieusement (d'une manière généreuse, copieuse), exprès, même, ainsi, sciemment, etc.

5° De QUALITÉ- Bien, mal, mieux, volontiers, médiocrement, etc.

6° D'ÉPOQUE. Premièrement, antérieurement, finalement, présente-ment, déjà, etc.

7° D'INTERROGATION. Comment ? où ? quand ? que pour combien ?

8° D'AFFIRMATION. Oui, assurément, vraiment, même, aussi, certes, conséquemment, évidemment, etc.

9° De NÉGATION. Non, ne, ne pas, ne point, non plus, nenni.

10° De SIMILITUDE. Pareillement, également, etc.

Remarque. Il y a un certain nombre d'adverbes qui s'emploient quelquefois comme prépositions ; c'est lorsqu'ils sont suivis d'un complément, comme *hors, près, auprès, ensuite,* etc. suivis de la préposition *de.*

Une réunion de deux ou de plusieurs mots peut aussi constituer un adverbe : c'est ce qu'on nomme *locution adverbiale,* comme *tout-à-coup, sur-le-champ, en même temps, en général, pour cause, en vérité, à dessein, tout au plus, au moins, du moins, de plus en plus, peu à peu, en effet, tout à fait,* et un grand nombre d'autres.

Nota. Nous entrerons dans de plus grands détails dans la grammaire complète.

34ᵐᵉ DEVOIR. — 1ʳᵉ SÉRIE.

Avis. 1º Nous avons dit à la modification de manière, dans la 34ᵐᵉ leçon, que l'adverbe *généreusement* répondait à : *d'une manière généreuse.* Cet adverbe et ceux qui lui ressemblent, répondent aussi au nom correspondant à l'adjectif, précédé de la préposition *avec :* *généreusement* répond à ces mots : *avec générosité.* Tournez de ces deux façons les adverbes qui suivent. Ex : courageusement, d'une manière courageuse ou avec courage, etc.

Courageusement ; glorieusement ; laborieusement ; habilement ; aimablement ; fructueusement ; ingénieusement ; vivement ; franchement ; adroitement ; fraîchement ; doucement ; libéralement ; vainement ; gaiement ; nettement ; généralement ; copieusement ; activement ; particulièrement ; partialement ; criminellement ; volontairement ; intellectuellement ; publiquement ; malignement ; malicieusement ; facultativement ; éloquemment ; fidèlement ; confusément ; profondément ; puissamment ; obscurément ; purement ; constamment ; obstinément ; avantageusement ; prématurément ; rigoureusement ; docilement ; assidûment ; indiscrètement ; évidemment ; élégamment ; solidement ; politiquement ; saintement ; difficilement ; hardiment ; méchamment ; secrètement ; noblement ; impoliment ; modérément ; étourdiment ; paternellement ; rarement.

2º Corriger les fautes grammaticales, et donner la raison de la correction.

1. Les *chaleurs* ont été *grands.* — 2. Tu *sortira* de la *villes,* quand il *feras* beau. — 3. Les *livre* qni nous ont été *envoyé* sont agréables et *instructif.* — Il y a des *oiseau*

qui ont des *serre redoutable*. — 5. D'autres *auquel* la nature a *donné* des *griffes terrible*. — 6. L'*agneaux* est naturellement *paisibles*. — 7. On dit que les *renard* sont *rusées*. — 8. On entend par bipèdes, les *animau* à deux *pied*; par *quadrupède*, les animaux à quatre pieds. — 9. Les *eau* de rivière sont *douce*, celles de la mer sont *salée*. — 10. Je n'*aimes* pas les *jeu* trop *bruyant*, je redoute ce qui sont dangereux.

<h3 style="text-align:center">34 DEVOIR. — 2me SÉRIE.</h3>

Avis. 1° Indiquer les adverbes qui se trouvent dans les phrases suivantes, et faire voir en quoi chacun d'eux modifie le mot sur lequel retombe la modification. Dire en abréviation (adv.) (loc. adv), si c'est un adverbe ou une locution adverbiale.

1. Je vous verrai bientôt. — 2. Ils parlent sans cesse. — 3. Je vous approuve sincèrement. — 4. Ils partiront demain, pour revenir prochainement. — 5. Vous vous portez beaucoup mieux qu'auparavant. — 6. Travaillez sans relâche, et vous aurez à vous réjouir plus tard. — 7. Cette maison est très-belle et plus grande que la nôtre. — 8. Il est médiocrement instruit et, avec tout cela, très-vaniteux. — 9. Venez ici, et sans retard. — Je n'ai pas connu d'homme plus ambitieux. — 10. Faites comme si rien n'était. — 11. Il a fait son ouvrage en moins de rien. — 12. Il fait de plus en plus chaud. — 13. Cet enfant est vraiment ouvrier. — 14. Finalement, que gagnez-vous annuellement? — Occupez-vous sur-le-champ, et travaillez avec ardeur. — 16. Où vous conduira cette manière d'agir? — 17. Combien avez-vous gagné? — 18. Tenez-vous constamment dehors. — 19. Le danger se trouve partout, et surtout là. — 20. Notre ami nous a écrit naguère qu'il arriverait bientôt. — 21. Venez en même temps, vous serez reçus de bon cœur. — 22. Que coûte votre cheval? — 23. Je vous l'achèterais volontiers.

2° Faire connaître les sujets et les verbes qui se trouvent dans les 10 premiers n°ˢ du 1°. Faites l'interrogation qui est-ce qui? qu'est-ce qui?

<h3 style="text-align:center">34me DEVOIR. — 3me SÉRIE.</h3>

SUJET. L'HOMME. — SON INTELLIGENCE.

(1) Le souverain pouvoir du Créateur n'a jamais été sans sa souveraine sagesse qui, comme lui, a existé éternellement.

C'est cette sagesse qui, de siècle en siècle, a formé parmi les hommes, des génies utiles et des ouvriers industrieux. Mais, de même que Dieu, en faisant part de sa puissance à l'homme, (c'est ce que nous avons déjà reconnu), ne lui a pas donné sa toute puissance, (2) ainsi, en lui faisant part de sa sagesse, et en lui accordant une grande intelligence pour connaître et inventer, il ne lui a pas donné non plus une science qui fût sans bornes, comme la science.

Dieu l'a élevé à la gloire de gouverner et d'arranger ce qui a été mis dans son séjour pour exercer son esprit, ses bras et ses mains; mais il gouverne et arrange seulement des choses faites antérieurement. L'homme peut, à la vérité, en observer fructueusement le nombre, les mesures, l'action, le mérite et les propriétés; il peut même, par des combinaisons ou par des dispositions nouvelles, mettre des esprits et des corps en action; il peut, pour ainsi dire, créer une nouveauté; mais la nature et l'excellence de tout ce qu'il emploie, existaient préalablement. Il lui est, enfin, aisé de détruire son propre ouvrage : il peut mettre en pièces le vase ou la pendule qu'il a habilement fabriquée; mais il n'en fera pas rentrer les pièces dans le néant; l'argile et le cuivre subsisteront toujours. Il ne peut, en un mot, ni détruire, ni créer les premiers êtres; et les mêmes limites que Dieu a imposées au pouvoir de l'homme, il les a également et conséquemment prescrites à son intelligence.

(3) Il y a donc, si on peut s'exprimer ainsi, deux sortes de productions: celle de Dieu, qui a fait les esprits et les corps; puis celle de l'homme, qui les cultive, qui les façonne, les embellit et les fait servir à divers usages par des inventions ingénieuses. Les objets de la première création sont faits; et c'est parce que l'homme n'est point chargé de les faire, que Dieu les lui a rendus inconcevables. (4) Mais les divers usages auxquels l'homme peut mettre les choses créées, sont le véritable objet de la production humaine et de la science humaine.

Il nous est maintenant facile de comprendre quelle est la mesure des opérations de l'homme; quelle est en même temps la mesure de ses connaissances. Si, d'une part, il lui est glorieux d'exercer de si beaux droits, il tombe, d'autre part, dans une méprise qui le rend ridicule, quand il se met à raisonner, à faire des difficultés, des objections et des systèmes sur les objets qui ne sont ni de son opération, ni de sa science. Au reste, il y a un fait bien positivement reconnu, c'est que, depuis qu'il existe des hommes, l'expérience leur apprend constamment que leur science est en rapport avec leur activité; (5) qu'ils ont assez d'intelligence pour les choses qu'ils peuvent faire, mais qu'ils sont extrêmement bornés dans la connaissance de ce qui est et agit indépendamment d'eux.

Il y a dans l'homme une ignorance qui lui est honteuse : c'est celle de ses devoirs. Elle est volontaire, criminelle, quelquefois même pénale. Il y en a une autre dont il n'a pas à rougir : elle consiste dans les bornes que Dieu a prescrites à son intelligence; et, comme cette ignorance l'aide à se renfermer dans son état, elle est plutôt un présent qu'un sujet de plainte.

Avis. Indiquer les adverbes et les locutions adverbiales, en les désignant par une abréviation (adv.) (loc. adv.) ; dire à la suite quel est le mot modifié par l'adverbe, si c'est un verbe, un participe, un adjectif, un nom ou un adverbe ; faire connaître, autant que possible, le genre de modification. Ex. : le souverain pouvoir du créateur *n'a* pour ne a (*ne* adv. de négation, modifiant le verbe *a été*) *jamais* (adv. de temps, modifiant le verbe a été) été sans sa souveraine sagesse qui, comme lui, a existé *éternellement* (adv. de temps, modifiant le verbe a existé, etc.)

Questions. 1º A quelle époque remonte la sagesse de Dieu ? 2º D'où vient la sagesse de l'homme ? 3º Quelle différence y a-t-il entre la sagesse de Dieu et celle de l'homme ? 4º Quelle est la mesure des opérations de l'homme ? 5º Quelle est la mesure de ses connaissances ?

55ᵐᵉ LEÇON.

De la préposition.

I. La *préposition* est un mot invariable qui unit ensemble deux termes dans une phrase, en indiquant les rapports qu'ils ont entre eux. Ainsi, pour marquer les divers rapports qui peuvent exister entre ces deux termes *voyager* et *pluie*, on les liera par une préposition propre à exprimer tel ou tel rapport. On dira donc : voyager *avec* la pluie, ou *sans* pluie, ou *nonobstant* la pluie, ou *après* la pluie, ou *avant* la pluie, etc.

II. Voici les principaux rapports indiqués par les prépositions.

RAPPORT

1° De TENDANCE. A, vers, chez, suivant, concernant, touchant, pour, selon, par, envers, devers, par devers, etc.

2° De TEMPS. Avant, après, depuis, dès, vers, pendant, durant, dans, en, etc.

3° De LIEU. En, dans, devant, derrière, dessous, entre, jusque, sur, sous, joignant, autour, attenant, par-delà, parmi, proche, etc.

4° De DÉRIVATION, de POSSESSION, d'ORIGINE, de SÉPARATION. De, hormis, hors, sauf, sans, entre, etc.

4° D'UNION. Avec, moyennant, plein, vu, supposé, etc.

6° D'OPPOSITION. Contre, malgré, nonobstant, outre, attendu, etc.

7° D'INDICATION. Voici, voilà, pour, quant à, concernant, touchant, etc.

III. La réunion de deux ou plusieurs mots, faisant l'office de préposition, s'appelle *locution prépositive*, comme *au-dessus de*, *au-dessous de*, *à l'égard de*, *vis-à-vis de*, *eu égard à*, *près de*, *en conséquence de*, *à cause de*, et une foule d'autres.

La préposition se place avant le second terme du rapport; et ce second terme est nommé *complément* de cette préposition. Ainsi, dans l'exemple cité plus haut, le mot *pluie* est le complément des prépositions *avec*, *sans*, *nonobstant*, *après*, *avant*.

55ᵐᵉ DEVOIR. — 1ʳᵉ SÉRIE.

Avis. 1° Indiquer les prépositions qui se trouvent dans les phrases suivantes ; dire, par abréviation, si c'est une préposition ou une locution prépositive; faire suivre la préposition de son complément,

1. L'amour de la patrie convient à tout cœur bien né. — 2. Ce roi a régné pendant vingt ans. — 3. Henri IV, roi de France, naquit en mil cinq cent cinquante-trois. — 4. La France fut heureuse sous son règne. — 5. Ce fut à cause de ses grandes qualités qu'il fut surnommé le Grand. — 6. Il mourut assassiné par le fanatique Ravaillac. — 7. L'ennemi s'est élancé au-dessus des remparts. — 8. Il avait dressé ses batteries contre la principale tour. — 9. Mais il a échoué dans son entreprise. — 10. Rendez-vous chez moi le plus tôt possible. — 11. Venez-y avec votre frère. — 12. J'ai ensemencé ma terre nonobstant la pluie. — 13. Soyez respectueux à l'égard de vos parents et de vos maîtres. — 14. Ma maison est située vis-à-vis de la sienne, tout le long

de la rivière. — 15. Cet élève est malheureusement sans mémoire. — 16. Il s'applique à ses devo'rs, mais sait rarement ses leçons. — 17. J'ai tout reçu excepté mon manteau. — 18. Voici le jour où je partirai pour la France. — 19. J'ai eu du retard à cause du mauvais temps. — 20. Passé quinze jours de voyage, je rentrerai dans mes foyers. — 21. J'ai poussé mes excursions jusques aux Pyrénées. — 22. Viens te distraire auprès de moi. — 23. Quant à moi, je serai heureux de te posséder durant quelques semaines. — 24. Tu t'entretiendras avec moi concernant l'affaire que je t'ai confiée. — 25. Garde soigneusement devers toi ce que tu en sais. — 26. J'irai plus tard, suivant les circonstances.

2° Reprendre les nᵒˢ 7, 8, 9 et 15 jusqu'à la fin, pour changer le sens du singulier en celui du pluriel. Ex. : n° 7. Les ennemis se sont élancés au-dessus des remparts. — N° 15. Ces élèves sont etc. — N° 25. Gardez soigneusement devers vous ce que vous en savez.

<h3 style="text-align:center">35ᵐᵉ DEVOIR. — 2ᵐᵉ SÉRIE.</h3>

Avis. Copier deux fois les phrases suivantes. Dans la première copie, indiquer les passages qui renfermeront une préposition qui sera désignée avec son complément. Dans la seconde copie, indiquer les phrases dont le verbe actif transitif aura un complément direct ; désigner ce complément précédé du verbe.

La phrase qui renfermera les deux cas, sera répétée dans les deux copies.

1. Bienheureux celui qui ne court pas après la fortune. — 2. Un prince ambitieux a souvent la guerre avec ses voisins. — 3. Cet enfant chagrin dispute souvent contre ses condisciples. — 4. Quand vous serez fortement éprouvés, portez vos regards vers Dieu, consolateur des affligés. — 5. Celui qui possède une petite fortune n'est pas tenu de donner au-delà de ses moyens. — 6. Mais l'homme opulent doit se montrer généreux envers les malheureux. — 7. Faites vos provisions pour l'année ; vous reconnaîtrez l'utilité de ce conseil. — 8. Je ne quitterai pas la ville à cause du mauvais temps. — 9. Le cavalier est tombé sous son cheval. — 10. Votre lettre, que j'ai reçue vers midi, m'est arrivée par la poste. — 11. La terreur a été répandue parmi les populations. — 12. Je vous engage à traiter cette affaire selon votre conscience. — 13. Choisissez entre les deux par-

tis qu'on vous offre. — 14. L'ouvrier a fait ce meuble avec le plus grand soin. — 15. On a partagé cette succession sans le moindre retard. — 16. Chaque héritier a reçu sa part en proportion de ses droits. — 17. Tous les écoliers sont sortis hormis les paresseux. — 18. Ceux-ci ont bien mérité cette punition, attendu leur mauvaise volonté.

35me DEVOIR. — 5me SÉRIE.

SUJET. — L'HOMME. SA MÉMOIRE.

L'intention de Dieu, dans la mesure de lumière intellectuelle qu'il a départie à l'homme, se manifeste encore par un aide puissant qu'il a mis à côté de l'entendement humain : c'est la mémoire. (1) Par cette nouvelle faculté, Dieu spécifie encore mieux la vocation de l'homme, qui est de prendre connaissance de tout ce qui se passe sur la terre, et de tenir registre de tout, parce qu'il préside à tout, et doit mettre chaque chose en œuvre dans son temps.

(2) Les animaux ne sont pas sans quelque mémoire. Ceux qui doivent vivre dans l'indépendance, et pourvoir, loin de nous, à leurs propres besoins, sans nous rien demander, distinguent facilement les avenues de leur repaire, et les marques de tout ce qui les intéresse. Ceux qui doivent demeurer auprès de l'homme, et y être perpétuellement à son ordre, connaissent sa demeure, ses traits, son ton et sa voix. Ils s'accoutument à tout ce qu'il demande, et obéissent sur-le-champ au moindres de ses signes. Voilà à peu près jusqu'où s'étend leur mémoire. Si vous les tirez de là, vous ne trouverez plus chez eux ni sensibilité, ni réminiscence.

(3) Mais la mémoire de l'homme est, pour ainsi dire, grande comme la nature. C'est un vaste réservoir où il range les noms et la situation des étoiles; il y retrouve les noms, les traits et les professions de plusieurs milliers de concitoyens au milieu desquels il a vécu. Sa mémoire lui montre, selon le besoin, non-seulement les rues d'une grande ville, mais encore les habitations suivant l'ordre qu'elles occupent. Elle lui conserve en bon ordre les noms, les figures et les propriétés des animaux, des plantes et de tout ce qui a une forme ou une utilité constante dans la nature. Sa mémoire est un journal fidèle dans lequel il résume, souvent à l'improviste, la suite de sa vie, et parcourt cette foule d'évè-

nements qui sont venus à sa connaissance, pour y trouver des modèles de conduite. Loin d'embrouiller ce qui y loge, par la trop grande diversité des objets, il fortifie, au contraire, en lui-même, la faculté de se rappeler les choses qu'il ne voit plus, à proportion de l'exercice qu'il lui donne. Sa mémoire embrassera, s'il le veut, les pièces qui composent la vie du genre humain; elle l'entretient agréablement concernant les particularités de tous les climats, et lui redit le bien et le mal qui se sont faits dans la suite des siècles. Si elle lui est infidèle, ce n'est guère qu'autant qu'il la laisse oisive. Plus il la fait travailler, plus il la trouve souple et prompte.

Comment peut-il se faire qu'une seule tête mette en ordre ce prodigieux nombre d'idées si disparates, et que rien ne s'égare dans ce magasin, pour peu qu'on prenne soin d'y passer et repasser de temps à autre? Là, comme ailleurs, c'est l'œil du maître qui tient tout en état.

(4) Après tout ce que nous avons dit concernant la mémoire de l'homme, nous concevons facilement que Dieu, en se conduisant de la sorte à l'égard de sa créature raisonnable, a voulu lui fournir un moyen puissant, de gouverner sagement le reste des êtres, à l'égard desquels il s'était montré infiniment moins généreux.

Avis. Indiquer les prépositions et les locutions prépositives avec leur complément suivi de l'abréviation (prép.) ou bien (loc. prép.); faire connaître ensuite le genre de rapport. Ex. : l'intention de Dieu ; de (prép.) ayant pour complément Dieu, rapport de dérivation, etc. etc., qu'il a mis à côté de l'entendement humain ; à côté (loc. prép.) ayant pour complément entendement, rapport de lieu, etc. etc.

Nota. Il suffira d'indiquer de loin en loin les prépositions *à* et *de*, ordinairement très-multipliées dans tout écrit.

Questions. 1° En quoi la mémoire sert-elle à l'homme? 2° Les animaux ont-ils aussi de la mémoire ? 3° Établissez une différence entre ces deux mémoires. 4° A quelle fin Dieu a-t-il accordé à l'homme une mémoire autre que celle des animaux ?

56me LEÇON

De la conjonction.

La *conjonction* est un mot invariable qui a pour fonction de lier ensemble ou deux phrases : Edouard travaille à son devoir; veuillez *donc* ne pas le distraire ; ou deux membres de phrase : je viendrai *quand* tout sera prêt ; ou, enfin, deux termes d'une phrase : le roi *et* la reine sont bons *et* justes.

Les conjonctions employées le plus fréquemment, sont : *car, cependant, comme, donc, d'ailleurs, et, ni, ou, or, lorsque, mais, pourtant, quand, puisque, que, quoique, si, sinon, toutefois, ainsi, aussi,* etc.

La réunion de deux ou de plusieurs mots, faisant l'office de conjonction, s'appelle *locution conjonctive,* comme : *afin que, alors que, ainsi que, de même que, à moins que, attendu que, avant que, de peur que, de crainte que, encore que, de sorte que, de manière que, dès que, pourvu que, tandis que, vu que, au reste, par conséquent, en conséquence de, c'est-à-dire, c'est-à-dire que, ce n'est pas à dire que,* etc. etc.

De l'interjection.

L'*interjection* est un mot invariable qui sert à exprimer les sentiments divers dont l'âme peut être affectée. La briéveté du mot qui forme l'interjection, rend parfaitement ce qu'il y a de vif et de subit dans le sentiment. Voici quelques interjections qui suffiront pour le moment : *ah! ha! eh! hé! hélas! oh! ho! holà! fi! hem! hum! chut! paix!* etc.

Il y a aussi des *locutions in'erjectives,* telles que : *grand Dieu! juste Ciel! hé bien! hé quoi! allons donc! fi donc!*

55ᵐᵉ DEVOIR — 1ʳᵉ SÉRIE.

Avis. Ranger les mots suivants en quatre catégories séparées : 1º celle des adverbes et des locutions adverbiales ; 2º celle des prépositions et des locutions prépositives ; 3º celle des conjonctions et des locutions conjonctives ; 4º celle des interjections et des locutions interjectives.

Nota. Les locutions, seules, seront suivies de l'abréviation (loc. adv.), ou (loc. prép.), ou (loc. conj.), ou bien (loc. interj.).

Beaucoup ; tandis que ; toujours ; avant ; en dehors de ; si ; par conséquent ; de même que ; en arrière de ; sèchement ; en général ; pieusement ; à l'amiable ; à proportion de ; à l'encontre de ; alors que ; vu que ; cependant ; demain ; hélas! tôt ; plutôt ; plutôt que ; or ; avant-hier ; à dessein ; pourtant ; c'est pourquoi ; présentement ; hormis ; grand Dieu! parmi ; excepté ; joliment ; jadis ; auparavant ; environ ; quand ; quoique ; pourvu que ; outre ; par ; par devant ; au dessus de ; vis-à-vis de ; plus ; mieux ; pour ; afin de ; afin que; à la vérité; c'est-à-dire; envers; nonobstant; eu égard à; au-delà; là; fi donc! durant; concernant; quant à; vraiment; hier; autrefois; ainsi; finalement; jusque; jusqu'à ce que; quasi; de sorte que; aussi; littéralement; en conséquence; de manière que; de crainte que; philosophiquement; loin; volontiers; autour; sous; à côté de; à moins que; soit que; supposé que; hé bien! holà! sitôt que; sans que; vers; par derrière; attenant; de; dehors; ensemble; désormais; combien; à la hâte; miséricorde! paix donc! ainsi que; au cas que; en cas que; dès que; silence! tout beau! incessamment; maintenant; encore; là; certes; en vérité; pour le moins; ne pas; de mieux en mieux; vis-à-vis; à travers; devers; dessus; depuis; suivant; selon.

<h3 style="text-align:center">56me DEVOIR. — 2me SÉRIE.</h3>

Avis. 1° Indiquer les conjonctions ou locutions conjonctives renfermées dans les phrases suivantes; faire connaître les mots ou les membres de phrases qu'elles lient ensemble; dire si c'est une conjonction ou une locution conjonctive.

1. Je partirai s'il fait beau temps. — 2. Arrivez quand bon vous semblera. — 3. Il est nécessaire que vous veniez. — 4. J'attendrai jusqu'à ce que vous soyez de retour. — 5. Puisque vous le voulez, je vous enverrai ce livre, afin que vous en preniez connaissance. — 6. Vous devez veiller et prier, de peur que l'ennemi ne vous surprenne. — 7. Un bonheur infini m'est assuré, pourvu que je vive en bon chrétien. — 8. L'homme a été créé pour qu'il fût heureux. — 9. Lui-même s'est rendu malheureux, lorsqu'il a désobéi à Dieu. — 10. Je n'aime ni la grande chaleur, ni le grand froid. — 11. Ne tardez pas à venir, attendu que nous avons besoin de vous. — 12. Couvrez-vous bien, car il serait à craindre que vous ne prissiez un coup d'air. — 13. Je l'aime, encore qu'il soit mon ennemi. — 14. Les choses se feront ainsi que nous vous l'avons annoncé; mais les moments ne sont pas encore venus. — 15. Cet homme est petit, cependant il est robuste. — 16. Garde toi de te mesurer avec lui. — 17. Tâche de vivre en paix avec ton voisin.

2° Recopier ces phrases et mettre au pluriel tout ce qui peut convenablement s'y mettre et réciproquement, c'est-à-dire, changement de singulier en pluriel, et de pluriel en singulier.

56me DEVOIR. — 3me SÉRIE.

SUJET. — L'HOMME. SA VOLONTÉ.

Dieu n'a pas seulement voulu que l'homme fût capable de connaissance, lorsqu'il l'a suffisamment éclairé sur tout ce qui l'environnait, et qu'il a permis qu'il s'en instruisît de plus en plus par de nouveaux essais ; mais il a accordé qu'il s'en appropriât l'emploi. (1) Et, de peur qu'il ne se livrât à l'inaction ou à l'inutilité, il lui a inspiré un puissant et insurmontable désir d'être heureux : c'est, en effet, le principe de toutes ses démarches, et le but, ainsi que l'expérience le prouve, vers lequel il tend sans cesse.

Son activité, comme nous l'avons déjà fait remarquer, le rend capable de penser et de juger, de former des projets et de les exécuter. Or, afin que ces projets puissent recevoir leur accomplissement, il faut qu'il applique les organes de son corps à différents travaux. Toutefois, cette activité pourrait se ralentir, se lasser, de sorte que de la lassitude elle tomberait dans l'engourdissement, si elle n'était éveillée par l'amour du bien-être. Il cherche donc, et s'arrête, alors qu'il croit avoir reconnu la cause de son bonheur.

Suivons l'homme dans tous ses mouvements, et jusque dans son indolence même, puisque c'est de là qu'il part généralement. Quelque action que nous lui voyions faire ou éviter, il tâche, soit qu'il s'y porte, soit qu'il s'en abstienne, de se rendre heureux. Pourquoi le grand Alexandre, fils de Philippe, roi de Macédoine, court-il de l'Hellespont au Granique ? Pourquoi passe-t-il d'Asie en Afrique ; de là jusqu'à l'Inde, et de l'Inde à l'Euphrate ? Évidemment, parce qu'il se trouve poussé par un sentiment d'ambition et par le désir de sa gloire. Néanmoins, il y a un sentiment qui domine ces deux-là : c'est celui du bonheur. C'est l'espérance d'être heureux, qui rend le savant avide de découvertes, malgré toutes les fatigues occasionnées par ses travaux. La même espérance anime l'artisan, quand il courbe ses épaules sous les plus lourds fardeaux (2). C'est donc cet amour du bonheur ou du bien-être qui fait le fond de nos désirs ; et nous pouvons dire que notre volonté ne diffère pas de notre amour pour la félicité, attendu qu'on peut regarder cet amour du bonheur comme le ressort universel qui fait agir tous les hommes.

Cependant, bien que nous soyons entraînés vers notre bonheur par une impression permanente et insurmontable, nous avons le choix sur les moyens d'y parvenir (3). C'est ce pouvoir de choisir que nous appelons libre arbitre, ou simplement liberté. Nous pouvons, en vertu de cette liberté, quitter un objet pour un autre, et passer de recherche en recherche, ou de projet en projet, jusqu'à ce que notre volonté nous entraîne vers un autre objet. Notre volonté reste toujours libre, vu qu'elle ne peut être entraînée par une nécessité qui la force.

Toutes les facultés que, jusqu'à présent, nous avons remarquées dans l'homme, perfectionnent en lui l'image du Tout-puissant. Cette liberté surtout caractérise sa puissance, puisque, comme le Souverain Seigneur fait librement dans l'univers tout ce qu'il veut, et commande en maître à toute la nature, l'homme de même est non-seulement libre d'agir ou de ne pas agir, mais il est encore maître de disposer des animaux, des plantes et de toutes les richesses qui se trouvent dans le séjour qu'il habite (4). Mais qu'il est à craindre que de pareils dons ne le remplissent d'orgueil, et qu'il ne soit moins occupé de rendre gloire à Celui qui le comble de biens, qu'ardent à faire partout sa propre volonté, ou prêt à s'admirer lui-même dans ce qu'il a reçu!

Quant à nous, rendons sans cesse à Dieu les plus grandes actions de grâces pour tous les bienfaits dont il nous comble sans cesse : et, puisqu'il a voulu que la conscience servît de frein à la liberté humaine, maintenons-nous toujours dans une conscience droite, bonne, et qui puisse être agréable à notre Dieu.

Avis. 1° Indiquer les conjonctions et les locutions conjonctives avec désignation abrégée, en mettant quelques mots avant et après la conjonction pour établir la liaison.

2° Faire pour les prépositions et les locutions prépositives, ce qui a été fait dans le devoir précédent, 3me série.

Nota. Ces deux exercices se feront au fur et à mesure qu'on copiera le sujet.

Questions. 1° Quel est le but vers lequel la volonté de l'homme tend sans cesse? 2° Prouvez que l'enfant lui-même a toujours le bonheur en vue dans tout ce qu'il fait, soit qu'il s'applique, soit qu'il vive dans la paresse 3° Qu'entend-on par la liberté que Dieu a donnée à l'homme? 4° Est-il convenable que l'homme abuse de cette liberté?

FIN DE LA GRAMMAIRE ÉLÉMENTAIRE.

TABLE DES MATIÈRES.

Nota. Trois séries de devoirs correspondent à chaque leçon, et la suivent par ordre.

FIN DE LA TABLE.